AF151743

Julius Schumann

Die Diatomeen der hohen Tatra

Julius Schumann

Die Diatomeen der hohen Tatra

ISBN/EAN: 9783743614277

Hergestellt in Europa, USA, Kanada, Australien, Japan

Cover: Foto ©Thomas Meinert / pixelio.de

Weitere Bücher finden Sie auf **www.hansebooks.com**

DIE

DIATOMEEN

DER HOHEN TATRA.

BEARBEITET VON

J. SCHUMANN.

HIEZU TAF. I–IV.

Herausgegeben

von der

k. k. zoologisch-botanischen Gesellschaft in Wien.

Vorgelegt in der Sitzung vom 3. Juli 1867

WIEN 1867.

Im Inlande besorgt durch **W. Braumüller,** k. k. Hof- und Universitätsbuchhändler
Für das Ausland in Commission bei **F. A. Brockhaus** in Leipzig.

QK 569
.D 54
S 32

LIBRARY
NEW YORK
BOTANICAL
GARDEN.

Durch die Arbeiten von Koristka und Fuchs auf die hohe Tatra gelenkt, durchwanderte ich im heissen Juli 1865 diese wunderbare Felseninsel. Dabei beabsichtigte ich in zwei Richtungen kleine Beiträge zur weiteren Aufklärung der Tatra zu liefern. Einmal nämlich wollte ich den wenigen auf diesem Gebirge gemachten Temperaturbeobachtungen einige neue hinzufügen und nahm zu diesem Zwecke zwei in Zehntel Reaumur'sche Grade eingetheilte Thermometer mit, die ich vorher an verschiedenen Stellen der Scala auf die schärfste Weise geprüft hatte. Dann aber lag es in meinem Plane, Diatomeen zu sammeln, die meines Wissens nach hier noch Niemand aufgesucht hat. Erst bei der genaueren Beobachtung dieser kleinen Gebilde sah ich, dass die Structur ihrer Kieselschalen wesentlich von der Höhe über der Meeresfläche und somit wohl hauptsächlich von der ihr zugehörigen Temperatur abhängig sei. So erhielten meine beiden Bestrebungen eine Einheit, an die ich zur Zeit nicht dachte.

Auf der nördlichen Abdachung der Tatra besuchte ich die vor dem Eingange in das felsige Koscieliskothal, östlich vom schwarzen Dunajec aufsprudelnde Quelle, die ihrer niederen Temperatur wegen den Namen Eisquelle führt. Fuchs („die Centralkarpathen mit den nächsten Voralpen" Pest 1863. Heckenast.) findet am 18. September 1862 als Temperatur dieser Quelle 4·5⁰ R., ich fand am 13. Juli 1865 um 4 Uhr Nachmittags 3·60⁰, bei einer Lufttemperatur von 6·5⁰ R. Es hatte freilich am Tage vorher und noch an diesem Vormittage geregnet und dadurch mögen wohl höher gelegene Schneefelder, die wahrscheinlich die Quelle speisen, zur Schmelzung gekommen sein. Theils aus der Quelle selbst, theils aus einem fünf Schritte von ihr entfernten fast stagnirenden Wasser, das mit der Quelle in Verbindung steht, nahm ich ein wenig Schlamm, ohne zu erwarten, dass ich in ihm reiche Ausbeute finden würde. Geht man eine Strecke ins enge Felsenthal hinein, so hat man zur Linken einen Bach, der aus einer (mit vielen Namen beschriebenen) Felsenwand herausströmt. Dieser Bach zeigte mir 4·66⁰; Fuchs fand — zu welcher Zeit, gibt er nicht an, wahrscheinlich aber wohl ebenfalls am 18. September 1862 — 6·5⁰ R. In den beiden folgenden Tagen überschritt ich die Tatra, indem ich von Zakopana nach dem Badeorte Schmecks, also von Nordwest nach Südost hinüberging. Dabei sammelte ich am 14. Juli nach Eintritt in das Siebenseethal vom Ufer des schwarzen See's und weiterhin aus dem grössten der fünf polnischen Seebecken feuchte Moose und Sinkstoffe, die freilich auf der ganzen Tatra äusserst spärlich angetroffen werden. An diesem See sah ich einige wenige Frösche (*Rana temporaria*), die ich in andern hochgelegenen Gegenden nicht bemerkt habe. Ich übernachtete am grossen Fischsee, dessen Grund ich so rein fand, dass es mir unnütz schien, eines meiner Gläschen mit Sand zu füllen.

Am nächsten Tage, Morgens um 5 Uhr, war die Temperatur der 6 Zoll tiefen Erdschicht, etwa 20 Fuss über dem See, dessen Spiegel nach Fuchs 4460', nach Koristka 4500' absolute Höhe hat, + 7·33⁰, die Temperatur der Luft + 2·40⁰, die des Wassers im grossen Fischsee 7·46⁰ R. An demselben Tage nahm ich aus dem von Süden kommenden Nebenfluss der Bialka, der den Namen Podieplaski führt, etwas Granitsand, in dem fast nichts von Sinkstoffen zu bemerken war; später am nördlichen Abfalle des polnischen Kammes aus einem Wasserfalle einige Moose. Den 6319' hohen „gefrorenen See" des Bialkathales fand ich mit einer Eisdecke belegt, die indess den Rand nicht erreichte. Das höher gelegene Schneefeld hat nach meiner rohen Messung 30⁰ Neigung. Wie die eingehauenen Stufen lehrten, war der untere alte Schnee mit einer Schicht neuen Schnees bedeckt, der nach der Meinung meines kundigen Führers in diesen Tagen gefallen sein musste. Nach Uebersteigung des polnischen Kammes nahm ich von der südlichen Berglehne ebenfalls aus einem Wasserfalle einige Moose; endlich ¹/₃ Meile westlich von Schmecks aus einem Dümpel eine kleine Probe von Sinkstoffen.

Auf dieser Gebirgstour fing ich gelegentlich einige Käfer, unter ihnen auch *Patrobus tatricus*. Am häufigsten traf ich den auch in der Ebene häufig vorkommenden *Carabus sylvestris*, dessen Farbe hier vom Schwarzen bis ins Grüngoldene übergeht. Die in der Ebene orange gefärbte *Lina populi* ist hier blutroth. Bei Schmecks fand ich die wegen ihrer Stiche berüchtigte *Mutilla europaea* in drei Exemplaren und eine zur Schlangenform vereinigte wandernde Gesellschaft der Larven von *Sciara Thomae*, einen sogenannten Heerwurm, der sich hier nach Aussage des Herrn Rainer öfter zeigen soll. Vergl. Oken's allgemeine Naturgeschichte, Thierreich, des zweiten Bandes zweite Abtheilung S. 740—743.

Am 17. Juli gab mir der am Curhause von Schmecks gelegene, nach Fuchs 3171', nach Koristka 3141' über See stehende Sauerbrunnen die Temperatur 5·57⁰. Koristka („die hohe Tatra in den Centralkarpathen" 1864. Ergänzungsheft Nr. 12 zu Petermann's geographischen Mittheilungen) findet am 17. August 1860 als Temperatur dieser Quelle 5·55⁰; Fuchs 6·50⁰ R. am 10. October 1862. An demselben 17. Juli zeigte mir der vor der Fronte des Curhauses gelegene, etwa 20' höhere, süsse Brunnen 5·53⁰. K o r i s t k a findet am 17. August 1860 für ihn 5·85⁰ R. An demselben Tage gab mir die noch etwa 40' höher gelegene süsse Quelle, die sich vor der Fronte des oberen Logirhauses befindet, ebenfalls 5·53⁰ R.

Am 19. Juli besuchte ich das Felsenthal des kleinen Kohlbach. Die an seinem Eingange gelegene Priesnitzquelle zeigte 4·27⁰. Weiterhin in der Nähe des Feuersteins fand ich als Temperatur einer nordöstlich vom kleinen Kohlbach aufsprudelnden Quelle nur 2·68⁰ R., obwohl ich in der Nähe kein Schneefeld bemerkte. Die fünf aufeinander folgenden Seebecken gaben mir in ihren Abzugscanälen zwischen 9 und 10½ Uhr Vormittags respective 8·09⁰, 7·87⁰, 7·39⁰, 6·71 und 6·54⁰, durchschnittlich also 7·32⁰ R. Das Wasser dieser kleinen Becken, von denen das unterste nach K o r i s t k a 6340', das oberste nach F u c h s 6568' über dem Meere liegt, ist klar, aber, wie auch in allen anderen von mir besuchten Gegenden der Tatra, entschieden grün. Diese Farbe ist nach meinen freilich wenig maassgebenden Erfahrungen hier wie in den Schweizer Seen nicht etwa durch Spiegelung oder Contrast hervorgerufen, sondern dem Wasser eigenthümlich, d. h. von dem auffallenden weissen Lichte werden alle übrigen Strahlen schon in mässigen Tiefen stark absorbirt, so dass endlich nur die grünen übrig bleiben. Eine einzelne dünne Glasscheibe erscheint farblos, 50 aufeinander gelegte Scheiben deutlich gefärbt; dasselbe gilt auch vom Wasser und vom Eise.

Um 11 Uhr war die Lufttemperatur im Schatten 10⁰, um 11¼ Uhr im Sonnenscheine 11·7⁰, eine Stunde später im trüben Sonnenscheine 13⁰; gleichzeitig indess stieg das ins Gras gelegte Thermometer — bei etwa 6450' absoluter Höhe — auf 25⁰ R., fiel aber bald auf 23⁰.

Eines der von den steilen Wänden herabhängenden Schneefelder — ich konnte von einem Punkte aus 19 derselben übersehen — benutzte ich, um die Nullpunkte meiner Thermometer zu controlliren, und fand trotz der genauesten Lupenbeobachtung, entsprechend meiner früher in Königsberg ausgeführten Controlle, keinen Fehler. Um Mittag zog von Süden her eine Nebelschicht ins Thal, während von Norden kommende Wolken entgegengetrieben wurden. Beide Ströme kamen am Lomnitzberge zusammen und stiegen hier in die Höhe, um die Lomnitzer Spitze einzuhüllen. Dieser Process währte mehrere Stunden, ohne dass sich in der nicht unbedeutenden Schnelligkeit und in dem Orte des Zusammenstosses irgend eine Aenderung zeigte. Dieselbe Beobachtung machte F u c h s auf dem polnischen Kamme; er berichtet darüber in seinem gediegenen Handbuche auf Seite 126.

K o r i s t k a, der dieses Thal mit besonderer Vorliebe schildert und eine naturtreue Abbildung des oberen Thalkessels gibt, findet am 16. August 1860, „einem sehr heissen, hellen Tage", um 4 Uhr Nachmittags als Temperatur des mittleren See's 6·5⁰ bei einer Lufttemperatur von 8·5⁰ R.

Unterhalb der Seeplatte, in mittlerer Höhe des grossen Wasserfalles, fand ich mehrere blühende Exemplare von *Sempervivum montanum* L., auf der Seeplatte selbst 26 Phanerogamen in Blüthe, unter ihnen auch die zierliche *Primula minima*, die hier grosse Teppiche bildet. Etwa 30 bis 40 Fuss über dem Spiegel des ersten südlichsten Seebeckens hat sich eine Colonie Krummholz verstiegen, die sich indess hier, 6375′ über dem Meere, nur 4 bis 8 Zoll erhebt.

Das Thierreich ist auf der oberen Platte, in welche die Seebecken eingebettet sind, äusserst spärlich vertreten. Ich fing eine Waffenfliege (*Stratiomys Chamaeleon*), drei Käfer, einige Spinnen, die über den fünften See kaum aufsteigen, und sah ausserdem noch kleine Mücken, wenige Hymopteren und ein Paar Schmetterlinge. Doch war es mir noch vergönnt, zwei Murmelthiere zu sehen, die sich östlich vom obersten See tummelten. Als das eine derselben mich bemerkte, setzte es sich sofort auf die Hinterbeine und pfiff dem andern zu. Trotzdem blieben beide noch einige Zeit sichtbar. Sie erinnerten mich an das schöne Bild, das uns Tschudi in seinem Thierleben der Alpenwelt gibt.

Aus allen fünf Seebecken nahm ich Sinkstoffe, in denen ich Diatomeen erwartete. Ausserdem gaben die Erdklümpchen, die den eingelegten Pflanzen anhingen, einige Ausbeute an Diatomeen.

Am folgenden Tage fand ich als Temperatur der Fürelemquelle 4·64⁰, der höher gelegenen Rainerquelle 3·74⁰ R., für die Fuchs die absolute Höhe 3701′ und am 10. October 1862 die Temperatur 4·5⁰ findet.

Schliesslich machte ich am 21. Juli, einem besonders heissen Tage, eine Ausflucht ins Mengsdorfer Thal.

Morgens um 9 Uhr stand die Temperatur einer etwa 500′ über dem Poppersee aufsprudelnden Quelle auf 4·48⁰, die Temperatur des circa 100 Fuss tiefer strömenden, aus dem nördlichen Theile des Thales herabkommenden Gebirgsbaches auf 8·76⁰. Bald darauf war die Lufttemperatur in der Sonne 17·5⁰, die Temperatur des Grases 23·3⁰. Hier, über der oberen Grenze der Zirbelkiefer, die im Thale des kleinen Kohlbach höher (nach Fuchs bis 5406′) hinaufsteigt, sammelte ich Sinkstoffe und vom Wasser des Gebirgsbaches benetzte Moose. Um 12 Uhr zeigte das Wasser des an Forellen reichen Poppersee's am Ufer 14·4⁰, die Luft im Schatten 16·5⁰, in der Sonne 18⁰, während das ins Moos gesteckte Thermometer, 3′ über den 4782′ hohen Poppersee, auf 26⁰ stieg. Auf der Rücktour, auf der ich in dem schönen Walde eine Familie Auerhühner und einige Kreuzottern antraf, verweilte ich an der Brücke neben dem Försterhause (der Försterei Hagi). Um 2½ Uhr stieg das Thermometer im Popradflusse auf 13·13⁰; die Luft zeigte im Schatten 19·1⁰, in der Sonne 23·1⁰; die Temperatur des Grases war 25·9⁰ R.

Stellt man die Orte, an denen ich Diatomeen gesammelt habe,
nach der Höhe geordnet, zusammen, so erhält man:

I. Koscieliskothal, Eisquelle . . . . 3000' über dem Meere
II. ¼ Meile westlich von Schmecks . . . . . 4000' „ „ „
III. Bialkathal, Podieplaski . . . . 4000' „ „ „
IV. Mengsdorfer Thal, Bach . . . . 5200' „ „ „
V. Siebenseethal, schwarzer See . . . . . . 5300' „ „ „
VI. Das grösste der fünf polnischen Seebecken 5400' „ „ „
VII. Südlich vom polnischen Kamm . . . . . 5650' „ „ „
VIII. Nördlich vom polnischen Kamm . . . . . 6220' „ „ „
IX. Oberes Thal des kleinen Kohlbach . . . . 6454' „ „ „

Bei dieser Gelegenheit sei es bemerkt, dass ich in dieser Arbeit
die Höhen der Tatra stets mit dem hier üblichen Wiener Fuss messe.
Die in dieser Liste angegebenen Höhen sind theils direct den vorliegenden Messungen entnommen (I, V, VI), theils lehnen sie sich mit
grösserer oder geringerer Sicherheit an dieselben an. Für Nr. IX ist das
Mittel der Messungen des niedrigsten und höchsten Seebeckens genommen
worden. Bei Nr. VIII habe ich die gemessene Höhe des gefrorenen Sees,
bei II die des Kreuzhuebelberges benutzen können, so dass auch in diesen Höhenbestimmungen keine merklichen Fehler sein werden. In Nr. III,
IV und VII schätze ich die Unsicherheit auf etwa $\pm$ 100'.
Die Eisquelle liegt in der Kalkformation, die andern Orte in
der Formation des Granites.

Meine nächste Aufgabe ist die Temperatur dieser Orte zu finden,
da ich sie später brauche. Diese Aufgabe habe ich auf folgende Weise
zu lösen versucht. Zunächst benutze ich die umsichtig zusammengestell-
ten Resultate, die uns Koristka über die Temperatur der Tatra mit-
theilt. Aus der Höhendifferenz von Brünn und Kesmark und ihren
Mitteltemperaturen findet er, dass in dieser Gegend bei Erhebung um
627 Fuss die Mitteltemperatur um 1⁰ sinkt. Diese Grösse, die ich der
Kürze wegen mit $\triangle$ bezeichne, sucht auch H. v. Schlagintweit für
die Schweiz. Er findet eine Depression der Mitteltemperatur um 1⁰ C.
für 540 Pariser Fuss Erhebung, d. h. eine Depression von 1⁰ R. für
694 Wiener Fuss. Die ausgedehnten Beobachtungsreihen des Jahres 1864,
über die Mühry („das Klima der Alpen unterhalb der Schneelinie" Göt-
tingen 1865.) Bericht erstattet, führen, wenn man seine Angaben für den
Winter und Sommer zusammenzieht, in unseren Massen auf $\triangle$ = 709 Fuss.
Für die bei Genf befindliche südliche Abdachung findet Plantamour
eine merklich grössere Zahl. Da somit das von Schlagintweit gefundene $\triangle$ für die Schweiz als Minimalwerth erscheint, der Gebirgsstock
der Schweizer Alpen aber nicht gar fern von dem der Tatra liegt, da
ferner die Tatra den über die ungarischen Puszten streichenden warmen
Südwinden frei ausgesetzt ist, so gebe ich, um das $\triangle$ für die Tatra zu

finden, der Schlagintweit'schen Zahl doppeltes Gewicht, der von Koristka einfaches und finde für die Tatra $\Delta = 672'$. Doch ist das Δ für die verschiedenen Jahreszeiten verschieden. Nach den auf dem Genfer Bergabhange gemachten zehnjährigen Beobachtungen beträgt das für den Sommer geltende Δ $91\frac{1}{2}$ Procent; nach Mühry betrug es im Jahre 1864 für die ganze Schweiz 79 Procent des mittleren Werthes. Geben wir der Plantamour'schen Zahl das fünffache Gewicht, so erhalten wir für den Sommer $89\frac{1}{4}$ Procent. Lassen wir diesen Procentsatz auch in der Tatra gelten, so finden wir im Bereiche der Tatra das Δ für den Sommer $= 600'$, also für den Winter $= 764'$.

Nachdem diese Zahlen gefunden worden, bestimme ich die Temperatur der Basis der Tatra aus der Temperatur von Wien und von Kesmark. Unter Basis der Tatra verstehe ich die unter der Tatra fortlaufende erweiterte Meeresfläche, d. h. die Tatra für die Höhe $= 0$. Als Schwerpunkt dieser Ebene nehme ich den Punkt, der 37^0 $48'$ geographische Länge, 49^0 $11'$ geographische Breite hat, da er etwa in der Mitte zwischen meinen Beobachtungsorten liegt und zugleich als Centralpunkt der ganzen Tatra genommen werden kann. Denkt man sich auch Wien auf seine Basis gesenkt, so lässt sich die Temperatur der Basis von Wien mit Hilfe der oben gefundenen Δ bestimmen. Nutzt man dann die von Dove gegebenen Monatsisothermen („die Verbreitung der Wärme auf der Oberfläche der Erde" Berlin 1852), so kann man für jeden Monat die Depression finden, die die Temperatur erleidet, wenn man von Wien nach der Tatra übergeht, wobei natürlich die Richtung der durch diesen Landstrich gehenden Isothermen, der senkrechte Abstand benachbarter Isothermen und der senkrechte Abstand der Tatra von der durch Wien gehenden Isotherme gemessen werden muss. Diese Arbeit habe ich zweimal durchgeführt und finde sehr übereinstimmende Werthe für die oben definirte Depression. Zieht man dieselbe von der Temperatur der Basis von Wien ab, so erhält man die Temperatur der Basis der Tatra.

Ich lasse die hauptsächlichsten Zahlenreihen folgen:

	Winter,	Frühling,	Sommer,	Herbst,	Jahr
Wien Höhe 493'	0·08	8·24	16·16	8·24	8·18
Basis von Wien	0·74	8·97	16·98	8·97	8·91
Depression	0·83	0·62	0 32	0·48	0 56
Basis der Tatra	-- 0 09	+ 8·35	+ 16·66	+ 8·49	+ 8·35^0 R.

Bevor ich an die Verwerthung der Temperatur von Kesmark gehe, muss ich ein Paar kleine Fehler, die sich in die von Koristka gegebene Temperaturtabelle eingeschlichen haben, berichtigen. Er findet nämlich als Mitteltemperatur $4·88^0$, während aus den Monatstemperaturen $4·757^0$ folgt. Da vorauszusetzen ist, dass die später mehrfach gebrauchte Mitteltemperatur richtig ist, so müssen Druckfehler in den Monatstemperaturen sein. Um den Einklang wieder herzustellen, habe ich die für jeden

Monat gegebene Zahl um 0·123 erhöht. Verfährt man dann mit der Temperatur und der Höhe von Kesmark ebenso, wie es oben gezeigt worden ist, so erhält man:

	Winter,	Frühling,	Sommer,	Herbst,	Jahr
Kesmark Höhe 2006'	— 3·53	4·83	13·20	5·02	4·88
Basis von Kesmark	— 0·84	7·81	16·53	8·00	7·87
Depression	0·06	0·03	0·05	0·04	0·04
Basis der Tatra	— 0·90	+ 7·78	+ 16·48	+ 7·96	+ 7·83° R.

Da die Temperatur von Wien nach der den kleineren Schriften von Humboldt einverleibten Dove'schen Tabelle aus einer Beobachtungsreihe von 76 Jahren gefolgert ist, während sich die von Kesmark nur auf sechsjährige Beobachtungen gründet, da andererseits Kesmark der Tatra (thermisch) 14mal so nahe steht als Wien, so lege ich beiden Resultaten gleiches Gewicht bei und erhalte für die Basis der Tatra als Mittel:

Winter,	Frühling,	Sommer,	Herbst,	Jahr
— 0·50	8·01	16·57	8·22	8·08° R.

Für jede beliebige in Wiener Fuss ausgedrückte Höhe h ist somit die Temperatur der Tatra

$$\text{im Winter} \quad - 0{\cdot}50 - \frac{h}{764} \ {}^{0}R.$$

$$\text{„ Frühling} \quad + 8{\cdot}01 - \frac{h}{672} \ \text{„}$$

$$\text{„ Sommer} \quad +16{\cdot}57 - \frac{h}{600} \ \text{„}$$

$$\text{„ Herbst} \quad + 8{\cdot}22 - \frac{h}{672} \ \text{„}$$

$$\text{Mitteltemperatur} + 8{\cdot}08 - \frac{h}{672} \ {}^{0}R.$$

Berechnet man aus diesen Grössen die Sommertemperatur meiner Beobachtungsorte, so findet man:

I. Eisquelle . . . . Sommertemperatur 11·57° R.
II. Westlich von Schmecks . . . „ „ 9·90 „
III. Bialkathal . . . . „ „ 9·90 „
IV. Mengsdorfer Thal . . . . . „ „ 7·90 „
V. Siebenseethal . . . . „ „ 7·74 „
VI. Fünfter polnischer See . . . . „ „ 7·57 „
VII. Südlich vom polnischen Kamm „ „ 7·15 „
VIII. Nördlich vom polnischen Kamm „ „ 6·20 „
IX. Kohlbachthal . . . . „ „ 5·81 „

Prüfen wir diese Zahlen. Wie bereits oben mitgetheilt worden, findet Koristka am 16. August 1860 um 4 Uhr Nachmittags, also etwa zur Zeit des Tagesmaximums für das Wasser 6·55° R. als Temperatur des

mittleren Seebeckens des oberen Kohlbachthales; ich selbst finde am
19. Juli 1865, etwa um 9½ Uhr Vormittags, als Mitteltemperatur aller
fünf Seebecken 7·32⁰. Wenn man berücksichtigt, dass beide Tage zu den
besonders warmen gehörten, und dass der Monat Juli des Jahres 1865
eine aussergewöhnlich hohe Temperatur hatte, so sind diese Beobachtungen sehr wohl mit der Sommertemperatur 5·81⁰ verträglich. Berechnet
man ferner für den grossen Fischsee, dessen absolute Höhe nach den
vereinigten Messungen von Fuchs und Koristka 4480' beträgt, die
Sommertemperatur, so findet man 9·1⁰ R. Hier fand ich am 15. Juli 1865
um 5 Uhr Morgens, also zur Zeit des Tagesminimums, als Temperatur
des Wassers und des 20' höher gelegenen Erdreiches, respective 7·46⁰ und
7·33⁰, also Werthe, die sich gut mit 9·1⁰ Sommertemperatur vereinigen
lassen. Ferner hat nach der Tabelle meine im Mengsdorfer Thale gelegene Station IV die Sommertemperatur 7·9⁰. Am 21. Juli, etwa um 9½ Uhr
Morgens, also zur Zeit des Tagesmittels, war die Temperatur des Gebirgsbaches = 8·76⁰, mithin um 0·86⁰ höher als die allgemeine Sommertemperatur. Auch diese Abweichung wird durch die besonders hohe Temperatur
des Juli erklärt. Steigen wir in die Ebene hinab und berechnen die
Mitteltemperatur von Kesmark und von Leutschau, für welchen Ort
Fuchs auf S. 107 die Höhe und die Temperaturverhältnisse angibt, so
finden wir

für Kesmark 5·09 statt 4·88, also Abweichung + 0·21⁰

„ Leutschau 5·40 „ 5·59 „ „ — 0·19⁰

die mittlere Abweichung also etwa = 0.

Nach dieser Controlle scheinen die oben aufgestellten Formeln die
Temperatur der verschiedenen Regionen der Tatra, der offenen Wasser
sowohl als der Erde, mit annähernd genügender Schärfe darzustellen.
Sie können daher wohl bei Untersuchungen zu Grunde gelegt werden,
die darauf hinausgehen, zu zeigen, wie die Organisation der auf der
Tatra lebenden Gebilde, mögen es Diatomeen oder andere Organismen
sein, durch die Temperatur bedingt werde. Freilich müssen dabei auch
locale Einflüsse berücksichtigt werden, die durch eine einfache Function
der Höhe nicht darstellbar sind. Zu diesen localen Erscheinungen zähle
ich namentlich die Quellen, die als Individuen betrachtet und einzeln
studirt werden müssen. So z. B. finde ich bei der Combination der vor
dem Curhause von Schmecks gelegenen süssen Quelle mit der ebenfalls
süssen Rainerquelle, wenn ich die hier leicht ausführbaren, also wahrscheinlich recht genauen Höhenmessungen von Fuchs und meine eigenen,
wie ich glaube, ebenfalls recht genauen Temperaturbeobachtungen zusam-
menstelle, dass eine Höhendifferenz von 550' einer Temperaturdifferenz
von 1·79⁰ R. entspricht. Wähle ich statt der zuerst genannten Quelle die
vor dem oberen Logirhause aufsprudelnde, so wird die Höhendifferenz
noch um 40' geringer, während der Unterschied der Temperaturen der-

elbe bleibt. Auch ist die Mitteltemperatur der Quellen nicht zugleich Mitteltemperatur des Ortes. Die meisten Quellen der Tatra werden von höher gelegenen Schneefeldern gespeist und haben wohl, in Folge der tarken Abdachung, eine Temperatur, die durchschnittlich niedriger ist, als die ihrer Region. Mit Wahrscheinlichkeit gilt das auch von der im Coscieliskothale gelegenen Eisquelle, obgleich hier wenigstens die Mögichkeit vorhanden, dass ihre Mitteltemperatur normal ist. Die Quelle ollte nämlich in Folge ihrer Höhe 3.62^0 als Mitteltemperatur haben. Wie bereits oben mitgetheilt worden, fand ich im Juli 3.6^0, Fuchs im Sepember 4.5^0. Nehmen wir an, dass die ganze jährliche Amplitudo 2^0 beträgt und dass die Temperaturcurve um 3 Monate verschoben ist, so ind die beobachteten Temperaturen sehr wohl mit dieser Annahme verträglich. Dass auch bei anderen Quellen der Tatra die Zeit für das Maximum der Temperatur stark verschoben ist, darauf weist der Vergleich der von mir im Juli, von Koristka im August, von Fuchs im September und October gemachten Beobachtungen.

Was den Unterschied der Temperatur im nördlichen und südlichen Theile der Tatra betrifft, so mag er in den niedrigsten Regionen bedeuend sein, und Fuchs führt in der That mehrere Belege dafür an. Auch könnte dieser Unterschied in der Eisquelle ihrer gedeckten Lage wegen noch einen bemerkbaren Werth haben. Er wird indess wohl in den übrigen über der Eisquelle gelegenen Höhen so ziemlich auf Null herabsinken.

Gleich nach meiner Rückkehr vertheilte ich die Aufsammlungen von Diatomeen in verschliessbare Gläser, gab ihnen reines Wasser, wodurch ich viele derselben bis zum heutigen Tage lebend erhalten, und begann alsbald sie mikroskopisch zu durchmustern. Schon die ersten Beobachtungen zeugten von dem Reichthume meiner Ausbeute an Arten und ndividuen. Um diese Gebilde, von denen ich nicht wenige hier zum ersten Male zu sehen bekam, genauer kennen zu lernen, übernahm ich es, das ganze Material mit Hilfe meines stärksten Objectivsystems — das Mikroskop st von Hasert in Eisenach gefertigt — zu d rcharbeiten, das mit dem chwächsten Ocular eine gute 900fache Vergrösserung gibt, wobei ich reilich auch häufig meine sehr schöne 450fache Vergrösserung gebraucht abe. Alle beobachteten Formen habe ich bei $\frac{900}{1}$ gezeichnet. Einige derelben theile ich hier mit.

In der nachfolgenden Liste der beobachteten Tatradiatomeen findet nan hinter den Namen 9 Columnen, die den 9 Beobachtungsorten entprechen. Ein + bedeutet, dass ich die bezeichnete Species an diesem Orte gefunden. Später werde ich Bemerkungen über die einzelnen Lebensformen zufügen und dabei folgende Abkürzungen brauchen:

2 *

Amer. = Ehrenberg: Verbreitung und Einfluss des mikroskopischen Lebens in Süd- und Nordamerika. 1843.

Mik. = Ehrenberg: Mikrogeologie. 1854.

Bac. = Kützing: Die kieselschaligen Bacillarien. 1844. 1865.

Syn. = Smith: A synopsis of the British Diatomaceae. 1853. 1856.

S. Diat. = Rabenhorst: Die Süsswasser-Diatomaceen. 1853.

Alg. = Rabenhorst: Flora europaea Algarum. Sect. I. 1864.

Wien. = Grunow: Ueber neue oder ungenügend bekannte Algen. 1860. Taf. I—V. Die österreichischen Diatomaceen. 1862. Taf. VI— XII. Ueber neue und ungenügend bekannte Arten nnd Gattungen von Diatomaceen. 1863. Taf. XIII—XIV. In den Verhandlungen der k. k. zoolog.-botan. Gesellschaft in Wien.

Beitr. = Grunow: Süsswasser-Diatomaceen der Insel Banka. In den Beiträgen zur näheren Kenntniss der Algen. Herausgegeben von Rabenhorst. Heft II. Leipzig 1865.

Consp. crit. = Heiberg: Kritisk Oversigt over de Danske Diatomeer. Kopenhagen. 1863.

Königsb. = Schumann: Preussische Diatomeen. 1862. Taf. VIII—IX. Nachtrag 1864. Taf. II. In den Schriften der physikalisch-ökonomischen Gesellschaft zu Königsberg in Preussen.

Der Leser sieht hieraus, dass mir die neuere englische Literatur unbekannt geblieben. Doch stattet Rabenhorst in seiner Flora europaea Algarum, wie es scheint, sehr genauen Bericht über sie ab, so dass man sich über die neueren Funde der Engländer genügend orientiren kann. Die Beobachtungen der Diatomeen auf einer Excursion in den Pyrenäen von W. Smith kenne ich nur aus der kurzen Notiz, die sich in der Zeitschrift für die gesammten Naturwissenschaften von Giebel und Heintz im Jahrgang 1857, Band IX, auf Seite 541 findet. Noch muss ich mein Bedauern aussprechen. dass mir die Arbeiten von Hantzsch zur Zeit nicht zugänglich sind. Wenn ich gleichwohl einige Diatomeen, die ich auf der Tatra gefunden, als neu anspreche und ihnen Namen gebe, so mögen diese Namen als provisorische angesehen werden.

	I.	II.	III.	IV.	V.	VI.	VII.	VIII.	IX.
Epithemia saxonica	†								
turgida?	†								
zebrina?		†							†
alpestris				†					
Eunotia alpina								†	
Monodon		†		†	†	†	†	†	†
Diodon				†	†		†		†
bidentula		†			†		†	†	†
Camelus							†	†	†
tridentula		†		†	†				
denticulata		†		†					
trigranulata		†			†				
quaternaria					†				
exigua		†		†	†		†	†	†
gracilis					†				†
paludosa		†		†	†	†		†	†
Himantidium gracile		†	†	†	†	†	†		†
majus					†		†		
pectinale		†		†	†	†		†	†
minus		†		†	†	†		†	
Arcus		†		†	†			†	†
bidens		†		†	†		†	†	†
Meridion circulare	†		†						†
constrictum		†				†	†		
Odontidium mesodon	†	†					†		†
hyemale	†	†	†	†			†	†	†
anceps		†							†
Diatoma grande					†		†		
elongatum					†				†
vulgare					†				
Fragilaria capuzina		†	†	†	†	†	†	†	†
virescens		†	†	†	†		†	†	†
undata	†	†	†		†				
elliptica		†							
mutabilis	†	†			†			†	†
Synedra splendens	†								
Oxyrhynchus	†								
radians	†								†
pulchella	†		†						
Tabellaria flocculosa			†	†	†				†
fenestrata				†					
Gomphogramma rupestre			†						

	I.	II.	III.	IV.	V.	VI.	VII.	VIII.	IX.
Campylodiscus spiralis	†								
nanus					†		†		
Surirella microcora			†						
ovalis	†								
minuta	†								
pinnata	†								
angusta	†								
Amphipleura pellucida	†								
Denticula obtusa	†	†			†		†		
tenuis		†					†		
frigida	†	†	†						
elegans	†				†		†		
Nitzschia Amphioxys	†	†	†	†	†	†		†	†
linearis	†								
sigmoidea	†								
tenuis	†								
media	†				†				
communis	†				†				
gracilis				†			†		
minutissima	†	†		†	†		†		†
thermalis	†				†				
Nitzschiella closterioides	†								
Cocconeis Pediculus	†				†				
Placentula	†						†		†
punctata	†				†				
borealis									†
Achnanthidium microcephalum		†				†			
lineare	†	†				†	†		
Flexellum	†	†	†	†	†				†
lanceolatum	†						†		†
delicatulum	†						†		
obtusum	†					†			
Lyra	†					†			†
contractum	†								
undulatum		†			†	†	†		†
Achnanthes subsessilis				†	†				
exilis	†				†	†	†	†	
elliptica	†	†		†	†	†	†	†	†
minutissima	†	†			†				
Rhoicosphenia curvata	†								
Cymbella naviculiformis		†		†	†				†
gracilis					†		†	†	†

	I.	II.	III.	IV.	V.	VI.	VII.	VIII.	IX.
Cymbella Scotica		†		†					
gastroides	†								
truncata	†		†						
obtusiuscula		†							†
affinis									†
leptoceros	†								†
Fusidium	†		†	†			†	†	†
Pediculus	†			†					†
Cocconema asperum	†								
cymbiforme	†	†	†	†			†		†
Cistula	†	†	†						
Lunula				†			†		†
parvum				†					
Encyonema caespitosum	†	†	†			†	†	†	†
prostratum	†	†					†		†
Gerstenbergeri	†	†		†					
Amphora gracilis	†	†		†					
borealis	†			†					
minutissima	†								
Ceratoneis Arcus			†	†	†				†
Amphioxys				†					
lunaris	†	†		†			†	†	†
alpina				†					†
depressa		†							†
Sphenella glacialis					†				
vulgaris	†								†
angustata							†		
Gomphonema Augur	†								†
gracile	†	†		†			†		†
intricatum									†
clavatum	†	†		†					†
Lagenula		†		†			†	†	†
longiceps	†		†	†					
americanum		†	†						†
Turris					†				
acuminatum		†	†	†	†				†
capitatum	†							†	
Vibrio		†	†						†
Navicula rhynchocephala	†								†
angustata									†
cryptocephala									†
Heufleri					†	†	†		

	I.	II.	III.	IV.	V.	VI.	VII.	VIII.	IX.
Navicula viridula	†								†
Carassius									†
anglica	†							†	†
Semen							†		
rhomboides					†				
lanceolata	†								
Amphioxys	†			†	†				
appendiculata			†	†	†	†			
gracilis	†				†				
radiosa	†	†							
mutica	†						†		†
cocconeiformis					†	†			
elliptica	†						†		†
Parmula	†				†		†		†
Coccus	†								†
oblongella					†	†			†
Atomus	†								†
Scutum	†								
dubia		†			†	†			†
affinis						†			†
gracillima		†			†	†		†	†
divergens		†			†			†	†
nobilis		†			†	†			
major		†			†				
viridis	†	†			†		†		
oblonga	†	†	†	†	†	†	†	†	†
alternans	†	†	†	†		†	†	†	†
hemiptera	†				†		†		†
lata						†			†
borealis		†	†	†	†	†	;	†	†
interrupta									†
Brebissonii						†			
firma	†	†			†	†	†	†	†
Amphigomphus					†	†	†		†
latiuscula									†
Polygramma							†		
Bacillum	†	†	†	†					†
minutissima			†						
stauroptera	†								
decurrens	†				†	†		†	†
gibberula	†	†	†		†	†			†
acrosphaeria									†

	I.	II.	III.	IV.	V.	VI.	VII.	VIII.	IX.
avicula hungarica	†						†		
Seminulum	†								
perpusilla	†				†				
Pupula?					†	†			†
nodulosa			†		†	†	†	†	†
binodis	†	†			†				†
sinuata		†		†	†	†	†	†	†
nodosa		†		†	†				†
Legumen					†				†
mesotyla	†	†		†	†	†	†		†
distenta				†					
:auroneis truncata	†								
pumila	†								†
Cohnii	†								†
Meniscus									†
linearis	†			†	†	†	†	†	†
Platystoma					†				†
dilatata					†				†
anceps	†			†	†				†
Phoenicenteron					†				†
lanceolata			†	†					†
gracilis					†			†	†
Smithii	†								
Heufleriana		†	†		†				†
rustulia saxonica		†		†	†				†
:hizonema vulgare	†								
neglectum	†								
subcohaerens					†				
astogloia antiqua				†	†				†
yclotella Kützingiana					†				†
Astraea							†		†
elosira arenaria	†						†		
nivalis	†								†
distans			†	†	†	†			†
varians			†					†	†
granulata						†			
orichalcea			†			†		†	†

205 Arten . . |101| 75| 42| 83| 72| 33| 52| 34|106

Bevor ich auf die einzelnen in den Gewässern der Tatra gefundenen Diatomeenspecies eingehe, scheint es mir zweckdienlich, einige allgemeine, hieher gehörige Verhältnisse zu beleuchten.

I. Ueber das Gewebe der Diatomeenschalen.

Wenngleich uns W. Smith, F. Cohn, C. Janisch, A. Grunow und andere Naturforscher schätzenswerthe Mittheilungen über die Schalenstructur, die sich namentlich in Form von Canälen und Punktreihen zeigt, gemacht haben, so ist doch eine wesentliche Eigenschaft dieser Streifen unerörtert geblieben, nämlich die Abhängigkeit der verschiedenen Streifensysteme von einander. Ich erlaube mir daher einige Grundsätze, von denen die Lage und die Dichtigkeit der Punktreihen beherrscht werden, hier zu erörtern, ohne dabei auf die Form der materiellen Punkte oder Körner einzugehen.

Zuerst behandle ich zwei häufig vorkommende einfache Fälle und lasse dann einige Data folgen, die sich auf jede Lage geradlinig fortlaufender Punktreihen beziehen.

Beobachten wir etwa eine *Navicula*, die uns eine Nebenseite zugekehrt hat, so bemerken wir auf jeder Seite der mittleren Längslinie Streifen, die etwa senkrecht von dieser Längslinie nach dem Rande hin fortlaufen. Diese Querriefen bestehen bei einigen Arten, wie es scheint, aus Canälen, bei anderen aus mehr oder weniger deutlichen materiellen Punkten, deren Centra meistens gleichweit von einander abstehen. Aber auch die Canäle zerfallen stets, wohl in Folge von Einschnürungen oder hineinspringenden Leisten, in äquidistante Abtheilungen; sie sehen oft aus wie Schnüre von Perlen, die durch weite Oeffnungen mit einander communiciren. Untersucht man eine der beiden benachbarten Reihen, so findet man bei den meisten Naviculaarten, dass diese Reihe eine Wiederholung der Grundreihe ist, dass also die Verbindungslinie benachbarter Punkte beider Reihen der Längsachse der *Navicula* parallel geht. Durch die Quer- und Längslinien bekommt man das Bild eines Schachbrettes. Doch haben die Längslinien meistens einen anderen Abstand als die Querlinien. Das ganze Gewebe besteht somit aus vielen auf und neben einander stehenden Rechtecken. Bei anderen *Navicula*-Arten sind dagegen die Punkte der nächstfolgenden Reihe gleichsam verschoben und erst die dritte Reihe ist eine Wiederholung der ersten. In diesem Falle zerfällt das Gewebe in auf und neben einander stehende schiefwinkelige Parallelogramme. Jene Reihen nenne ich correspondirende, diese alternirende.

1. Correspondirende geradlinige Reihen.

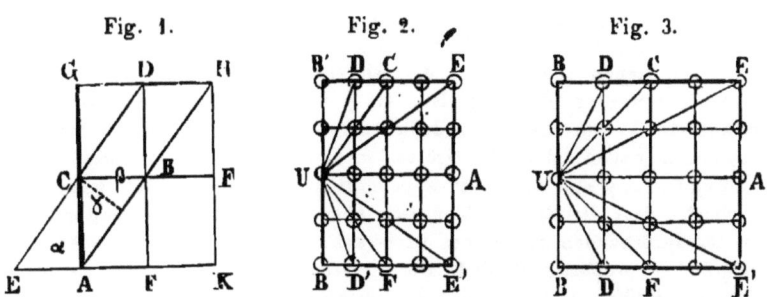

Fig. 1.   Fig. 2.   Fig. 3.

In Fig. 1 sei GA die Längsachse der Frustel oder eine ihr parallele Linie, die horizontalen Linien GH, CJ, AK, also sogenannte Querstreifen, die senkrecht auf ihnen stehenden die Längsstreifen. Das Gewebe besteht aus Rechtecken, von denen eines ACBF ist. Ich zerlege dasselbe durch eine Diagonale in zwei rechtwinkelige Dreiecke und wähle das Dreieck ABC als Element des Gewebes. Der Abstand der horizontalen Streifen sei mit α, der Abstand der verticalen Streifen mit β, die kürzeste Entfernung der geneigten Streifen ED, AH u. s. w. mit γ bezeichnet. Auf den Werth der Grösse α hat Ehrenberg bereits vor mehr als 10 Jahren aufmerksam gemacht, da er dieselbe bei derselben Species nahe constant fand. Er erhob sie daher zu einem charakterisirenden Merkmale der Species, und zwar bestimmte er die Zahl, welche angibt, vie viele solcher Streifen auf $^1/_{100}$ einer Pariser Linie gehen. Finden sich z. B. 30 solcher Querstreifen auf $^1/_{100}'''$, so ist $30\alpha = ^1/_{100}'''$, also $\alpha = ^1/_{3000}'''$. Bezeichnet man allgemein die Zahl dieser Querstreifen, die auf eine gewisse Länge gehen, mag sie $^1/_{100}'''$ Par. oder $^1/_{1000}''$ Lond. sein oder irgend eine andere Grösse haben, mit a und diese Längeneinheit selbst mit E, so ist

$$ a \cdot \alpha = E \quad \alpha = \frac{E}{a} \quad \frac{1}{\alpha} = \frac{a}{E}. $$

Nennt man b und c die entsprechenden Zahlen der verticalen und schiefen Streifen, so ist auch

$$ \frac{1}{\beta} = \frac{b}{E} \quad \text{und} \quad \frac{1}{\gamma} = \frac{c}{E}. $$

3 *

Aus Fig. 1 folgt nun einfach

$$\gamma \cdot AB = \alpha \cdot \beta \qquad \gamma = \frac{\alpha \cdot \beta}{\sqrt{\alpha^2 + \beta^2}}$$

$$\frac{1}{\gamma} = \sqrt{\frac{\alpha^2 + \beta^2}{\alpha^2 \cdot \beta^2}} = \sqrt{\frac{1}{\beta^2} + \frac{1}{\alpha^2}} \quad \text{oder}$$

$$\frac{c}{E} = \sqrt{\frac{b^2}{E^2} + \frac{a^2}{E^2}} \quad \text{mithin} \quad c = \sqrt{a^2 + b^2}$$

Wir sehen somit, dass die Riefenzahl c von den Riefenzahlen
a und b einfacher abhängig ist, als γ von α und β, und darin liegt
gerade der Werth der oben definirten Bestimmungen der Riefenzahl,
abgesehen davon, dass die Grössen a, b, c direct zu beobachten sind,
während α, β, γ erst aus ihnen abgeleitet werden müssen. Wir bemerken
zugleich, dass die Riefenzahlen sich ebenso zu einander verhalten, wie
die entsprechenden Seiten des Dreieckes, da beide den Dreieckhöhen
umgekehrt proportional sind. Doch treten hier mit Ausnahme der drei
primären Reihen noch andere auf, die ich secundäre nenne, nämlich die
Reihen AD, BE. CF. Nennt man d, e, f die ihnen entsprechenden Riefenzahlen, so findet man auf einfache Weise

$$d = \sqrt{a^2 + 4b^2} \qquad e = \sqrt{4a^2 + b^2} \qquad f = c$$

In Fig. 2 sind durch die Linien UA, UB...UF die Richtungen der
oben behandelten Reihen bezeichnet. Wie die Figur lehrt, kommen zu
jenen noch zwei andere hinzu, nämlich UD' und UE'. Die letzteren
erhält man durch die Behandlung des Dreiecks BCG. Uebrigens ist die
Zahl der secundären Reihen auch hiemit nicht geschlossen, indem man
noch in vielen anderen durch Punkte bestimmten geraden Richtungen
das Gewebe durchlaufen kann. Ihre allgemeine Riefenzahl ist $\sqrt{p^2a^2 + q^2b^2}$,
worin p und q beliebige ganze Zahlen sind; doch hat es kein practisches
Interesse, auf sie einzugehen, da es selbst bei grobpunktirten Schalen
schon schwer wird, die Linien UD und UE und die ihnen entsprechenden aufzufinden. Dabei spielt auch die Form der Körner eine bedeutende
Rolle. Wird endlich noch nach den kleinsten Winkeln gefragt, die die
Linien UC, UD und UE mit der Längsachse bilden, so ist auch diese
Frage leicht beantwortet. Die trigonometrischen Tangenten dieser Winkel sind respective $\dfrac{a}{b} \quad \dfrac{a}{2b} \quad \dfrac{2a}{b}$.

Correspondirende Reihen zeigen nach meiner Beobachtung namentlich
lich folgende Gattungen und Arten: *Epithemia, Eunotia, Himantidium,
Meridion, Podosphenia, Rhipidophora, Odontidium. Diatoma vulgare, Fragilaria virescens* und *elliptica, Synedra, Tabellaria, Gomphogramma*, alle
mir bekannten *Surirella*-Arten in ihren feinen Punktsystemen, *Amphipleura pellucida, Denticula, Nitzschia Amphioxys* (mit wenig deutlichen
Längslinien), fast alle Arten von *Cocconeis*, wohl alle *Achnanthidium*-

und *Achnanthes*-Arten, *Rhoicosphenia curvata*, *marina*, *fracta*, *baltica*; *Cymbella*, *Cocconema*, *Encyonema*, *Amphora*, alle mir bekannten Arten von *Ceratoneis*, *Gomphonema*, sehr schön z. B. *Gomphonema geminatum*, fast alle *Navicula*-Arten, darunter wohl auch *N. firma*, *Amphigomphus*, *dilatata*, *Scoliopleura Jennerii* (mit nicht regelmässigen Längslinien), *Scol. convexa*, fast alle *Stauroneis*-Arten, z. B. *Staur. punctata*, *truncata*, *Eichhornii*, *Phoenicenteron* und *amphicephala*, auch *Pleurostaurum acutum*, *Frustulia saxonica*, *Doryphora Boeckii*, diejenigen Arten von *Pleurosigma*, die W. Smith und Rabenhorst als zweite Section behandeln; auch mehrere cylindrische Formen auf ihren Hauptseiten, z. K. *Melosira distans*, *nivalis*, *salina*.

Die Formel $c = \sqrt{a^2 + b^2}$ ist sehr geeignet zur Bestimmung des Beobachtungsfehlers. So z. B. fand ich bei einem Exemplare von *Pleurosigma attenuatum* a $= 30$, b $= 22$, c $= 36$.

Werden hier die verhältnissmässig leichten Beobachtungen von a und b als fehlerlos angenommen, so muss c $= \sqrt{900 + 484} = 37{\cdot}2$ sein.

Demnach wäre der relative Fehler der letzten Beobachtung $\dfrac{1{\cdot}2}{37{\cdot}2} = \frac{1}{31}$.

Ferner gaben mir drei in einem englischen Präparate liegende Exemplare von

Pleurosigma strigilis	a $= 25$	b $= 35$	c $= 44$ statt 43
" "	a $= 26$	b $= 36^3/_4$	c $= 46$ " 45
" "	a $= 26^1/_3$	b $= 38$	c $= 47^1/_2$ " $46^1/_3$

W. Smith findet, wenn man seine Zahlen in unsere Maasse überträgt,
$$a = 32, \quad b = 35^1/_2$$
also die Zahl der Querstreifen merklich grösser. Freilich habe ich in allen drei Fällen die Riefenabstände nahe am Centralknoten gemessen, wodurch diese Differenz vielleicht hervorgerufen worden sein mag. Bei *Pleurosigma Fasciola* fand ich a $= 54$, b $= 50$; die schiefen Streifen konnte ich hier nicht sehen.

Besonderer Fall.

Nicht selten ist der Abstand der verticalen Reihen etwa gleich dem der horizontalen Reihen, d. h. $b = a$. In diesem Falle, der durch Fig. 3 dargestellt wird, ist
$$c = f = a\sqrt{2}, \text{ etwa } \tfrac{7}{5}a$$
$$d = e = a\sqrt{5}, \quad \tfrac{9}{4}a$$
Die beiden deutlichsten der schiefen Riefensysteme UC und UF bilden mit der Achse Winkel von 45^0 und stehen somit auf einander senkrecht. Von den secundären Systemen stehen UD und UE', ebenso UE und UD' ebenfalls senkrecht auf einander, da sie mit der Achse Winkel bilden, die etwa $26^1/_2$ und $63^1/_2$ Grade betragen. Hieher gehören

z. B. *Epithemia proboscidea*, *Westermanni*, *granulata*; *Himantidium pectinale*, *Fragilaria virescens*, *Denticula elegans*, *Amphipleura pellucida*, *Stauroneis Eichhornii* und *amphicephala*, *Pleurostaurum acutum*, *Pleurosigma
lacustre*, *Melosira distans* und *salina*. Doch ist dieser singuläre Fall selten
scharf ausgeprägt. So fand ich z. B. bei einem Exemplare von .

Fragilaria virescens a = 38, b = 36, c = 54
Der relative Fehler der dritten nicht leichten Beobachtung ist in
beiden Fällen, mögen wir a und b als fehlerlos annehmen oder a = b = 37
setzen = $^1/_{32}$. Als Durchschnittswerthe finde ich für
Tabellaria fenestrata a = 33 · b = 32
Gomphogramma rupestre a = 33 b = 29

2. Alternirende geradlinige Reihen.

Fig. 4.   Fig. 5.   Fig. 6.

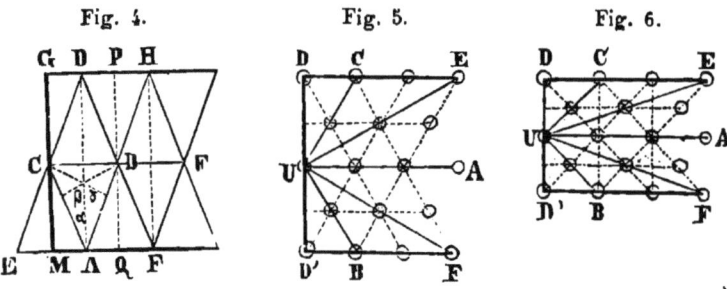

Hier sei GM (s. Fig. 4) ein Stück der Längsachse oder eine ihr
parallele Linie. Das Dreieck ABC, das ich als Element des Gewebes
nehme, ist in diesem Falle gleichschenklig. Die Richtungen der drei primären Riefensysteme werden durch die Seiten des Dreiecks bestimmt.
die Querriefen durch CB, die geneigten Riefen durch CD (oder AB) und
CA repräsentirt. Die drei secundären Riefensysteme haben die Richtungen AD, BE und CF. Die Längsriefen DA, PQ, HF u. s. w. treten hier
somit als secundäre auf. Für dieses Gewebe gelten folgende Formeln:

$$d = \sqrt{4b^2 - a^2} \qquad e = f = \sqrt{2a^2 + b^2}$$
$$b = c = \frac{1}{2}\sqrt{a^2 + d^2}$$

worin a die Zahl der Querriefen, d die Zahl der Längslinien bedeutet,
die auf eine gewisse Strecke, etwa $^1/_{100}$''' Par. gehen.
In 1. fanden wir folgende Regel: Wenn man die Zahlen der Querriefen und der Längsriefen zum Quadrat erhebt, diese Quadrate addirt
und die Wurzel auszieht, so erhält man die Riefenzahl für das primäre
schiefe System. Hier in 2. muss man die so gefundene Zahl noch durch 2
dividiren. Dies ist der wesentliche Unterschied zwischen den correspondirenden und alternirenden Reihen und ihren Geweben. Ist man zweifelhaft, wohin die Diatomeenart gehört, so kann man dies Mittel wählen,

um die Sache zu entscheiden, wenn die einzelnen Punkte unklar sind. Hat man z. B. bei einer Art als Zahl der Querriefen 30, als Zahl der Längslinien 40, endlich als Zahl der am deutlichsten auftretenden schiefen Riefen 50 gefunden, so ist man sicher, dass die Punktreihen correspondirend sind. Findet man bei einer anderen Art 30, 40 und 25 als entsprechende Riefenzahlen, so besteht das Gewebe aus alternirenden Punktreihen.

Wenn man die kleinsten Winkel, die die behandelten sechs Systeme mit der Achse bilden, mit $\varphi_1, \varphi_2 \ldots \varphi_6$ bezeichnet, so erhält man

$$\varphi_1 = 90^0$$

$$\varphi_2 = \varphi_3 = \frac{A}{2} \qquad \sin \varphi_2 = \sin \varphi_3 = \frac{a}{2b}$$

$$\varphi_4 = 0^0$$

$$\sin \varphi_5 = \sin \varphi_6 = \frac{3a}{2\sqrt{2a^2+b^2}} \qquad \text{tang } \varphi_5 = \text{tang } \varphi_6 = 3\,\text{tang } \frac{A}{2}$$

worin A den Winkel BAC bedeutet, den man durch die beobachteten Riefenzahlen leicht finden kann, da $\sin \frac{A}{2} = \frac{a}{2b}$ ist.

Während die gestreckten Formen der Diatomeen meistens correspondirende Punktreihen zeigen, finden wir bei denjenigen Diatomeen, deren Nebenseiten um einen Punkt entwickelt sind, nicht selten alternirende Reihen.

Erster besonderer Fall.

Wenn $A = 60^0$ ist, so ist das Dreieck ABC gleichseitig (s. Fig. 5). In diesem Falle ist

$$a = b = c \qquad e = f = g = a\sqrt{3} \text{ etwa } \frac{7}{4}a$$

$$\varphi_1 = 90^0 \qquad \varphi_2 = \varphi_3 = 30^0$$

$$\varphi_4 = 0^0 \qquad \varphi_5 = \varphi_6 = 60^0$$

Die drei primären Systeme schneiden einander unter dem Winkel 60°, die secundären ebenfalls. Die letzteren stehen senkrecht auf den ersteren und können in Folge dieser Eigenschaft leicht aufgefunden werden.

Hierher gehören die meisten derjenigen *Pleurosigma*-Arten, die Smith und Rabenhorst als 1. Section behandeln, ferner *Biddulphia turgida* und *radiata* Syn. LXII. 384, 385.

Triceratium Favus Syn. XXX. 44.

Podosira Montagnei Syn. XLIX. 326.

Melosira subflexilis, orichalcea.

Doch finden auch hier merkliche Abweichungen von der Gleichheit der Riefenzahlen statt. So z. B. fand ich bei je einem Exemplare von

Pleurosigma angulatum a = 44, b = 46, c = 46.

Pleurosigma strigosum a = 46, b = 46, c = 39.

In letzterem Falle waren nach meiner Schätzung auch die Neigungswinkel der beiden schiefen Systeme merklich verschieden.

Zweiter besonderer Fall.

Wenn $A = 90^0$ ist, welchen Fall Fig. 6 darstellt, ist

$$b = c = \frac{a}{2}\sqrt{2} \text{ etwa } \frac{1}{10}a$$

$$d = a \qquad e = f = \frac{a}{2}\sqrt{5} \text{ etwa } \frac{9}{4}a$$

$$\varphi_1 = 90^0 \quad \varphi_2 = \varphi_3 = 45^0$$

$$\varphi_4 = 0^0 \quad \text{tang } \varphi_5 = \text{tang } \varphi_6 = 3 \quad \varphi_5 = \varphi_6 \text{ etwa } 71^1/_2{}^0$$

Vergleichen wir den besonderen Fall von 1 mit diesem, so finden wir dort $c = a\sqrt{2}$ hier $c = \frac{a}{2}\sqrt{2}$, ein Verhalten, das ein treffliches Mittel an die Hand gibt, das Gewebe verschiedener Diatomeenschalen zu unterscheiden. Und doch sind, wenn man von der Längsachse absieht, beide einander gleich. Man braucht nur Fig. 6 um einen halben Rechten zu drehen, um Fig. 3 zu erhalten. Beide Gewebe sind einem Schachbrette vergleichbar, doch ist in jenem Falle die Achse der Frustel parallel einer Seite des Schachbrettes, während sie in diesem Falle parallel der Diagonale ist.

Hieher gehören z. B. *Navicula tumens* und *Nav. sphaerophora* Wien 1860, II. 34; *Cocconeis decussata* Ehg. Amer. II. VI, 13; *Cocc. Piacentula* und *oceanica*.

Manche *Pleurosigma*-Arten nähern sich wenigstens diesem Falle, da die Neigung der schiefen Systeme gegen die Mittellinie nicht 60^0 beträgt, sondern geringer ist, bis gegen 45^0 herabsinkt. Ich nenne z. B. *Pleur. elongatum*.

Von *Stauroneis nobilis m.* gab mir ein Exemplar

$$a = 30, \quad b = c = 21$$

ein anderes $a = 27, \quad b = c = 19$

ein drittes $a = 31^1/_2, \quad b = c = 22^1/_2$

Da $21.\sqrt{2} = 29.7 \quad 19\sqrt{2} = 26.9 \quad 22^1/_2\sqrt{2} = 31.8$ ist, so stimmen die Messungen recht gut mit einander überein.

3. Geradlinige Reihen äquidistanter Punkte.

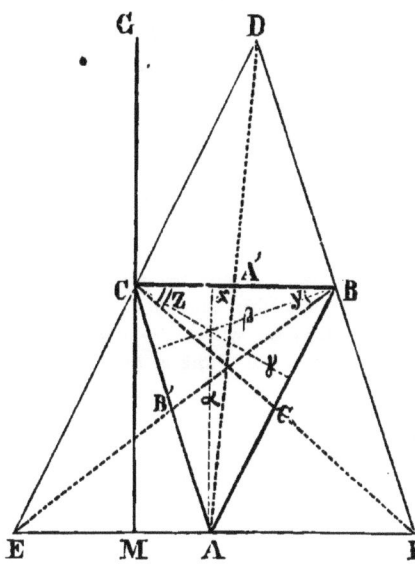

Es sei wieder GM die Achse, auf welche man die Riefen erster Ordnung CB, CA, BA und die Riefen zweiter Ordnung AD, BE, CF bezieht. Hier habe aber das Dreieck ABC, das Element des Gewebes, eine beliebige Form. Bezeichnet man mit p, q, r die Seiten dieses Dreiecks, mit $\triangle$ den Inhalt desselben und behält die früher gebrauchten Zeichen bei, so erhält man folgende Relationen:

$$\alpha = \frac{E}{a} \qquad \beta = \frac{E}{b} \qquad \gamma = \frac{E}{c}$$

$$\alpha = \frac{2\triangle}{p} \qquad \beta = \frac{2\triangle}{q} \qquad \gamma = \frac{2\triangle}{r}$$

$$a = \frac{E\,p}{2\triangle} \qquad b = \frac{E\,q}{2\triangle} \qquad c = \frac{E\,r}{2\triangle}$$

$$p = \frac{2\triangle a}{E} \qquad q = \frac{2\triangle b}{E} \qquad r = \frac{2\triangle c}{E}$$

$$a : b : c = p : q : r = \sin A : \sin B : \sin C$$

$$\triangle = \frac{EE}{\sqrt{(a+b+c)\,(-a+b+c)\,(a-b+c)\,(a+b-c)}}$$

$$\triangle = \frac{EE}{2\,b\,c\sin A} = \frac{EE}{2\,c\,a\sin B} = \frac{EE}{2\,a\,b\sin C}$$

$$d = \sqrt{2b^2 + 2c^2 - a^2} \quad e = \sqrt{2c^2 + 2a^2 - b^2} \quad f = \sqrt{2a^2 + 2b^2 - c^2}$$

$$\varphi_1 = 90^0$$

$$\varphi_2 = 90 - C, \ \sin \varphi_2 = \frac{a^2 + b^2 - c^2}{2ab}, \ \cos \varphi_2 = \frac{EE}{2\triangle ab}$$

$$\varphi_3 = 90 - B, \ \sin \varphi_3 = \frac{a^2 + c^2 - b^2}{2ac}, \ \cos \varphi_3 = \frac{EE}{2\triangle ac}$$

$$\varphi_4 = 90 - x, \ \sin \varphi_4 = \frac{c^2-b^2}{ad}, \ \cos \varphi_4 = \frac{EE}{\Delta ad}$$

$$\varphi_5 = 90 - y, \ \sin \varphi_5 = \frac{4a^2+e^2-b^2}{4ae}, \ \cos \varphi_5 = \frac{EE}{2\Delta ae}$$

$$\varphi_6 = 90 - z, \ \sin \varphi_6 = \frac{4a^2+f^2-c^2}{4af}, \ \cos \varphi_6 = \frac{EE}{2\Delta af} \ \bullet$$

$$AD = \frac{2\Delta d}{E} = \sqrt{2q^2+2r^2-p^2}$$

$$BE = \frac{2\Delta e}{E} = \sqrt{2r^2+2p^2-q^2}$$

$$CF = \frac{2\Delta f}{E} = \sqrt{2p^2+2q^2-r^2}$$

Setzt man C = 90⁰, so erhält man die Formeln des ersten Falles, in welchem die Punkte benachbarter Reihen mit einander correspondiren. Setzt man die Winkel C und B einander gleich, so erhält man die Formeln des zweiten Falles, in welchem die Punkte benachbarter Reihen alterniren.

Ueber runde Formen.

Hieher gehören die Scheiben von *Coscinodiscus*, *Cyclotella*, *Melosira* und ihren Verwandten. Diese theile ich in Bezug auf ihre Gewebe in indifferente, centrifugale und centripetale ein.

1. Indifferente Formen.

Ich ziehe die runden Nebenseiten derjenigen Diatomeen hieher, deren Gewebe von der kreisförmigen Grenze unabhängig ist. So z. B. wird die Scheibe der *Systephania Corona* Ehg. Mik. XXXIII. XV. 22 von zwei etwa rechtwinklig sich kreuzenden, die Scheibe von *Coscinodiscus lineatus* Ehg. und *Dictyopyxis cruciata* Ehg. Mik. XXXIII. XIII. 7 von zwei und drei Systemen gerader Streifen durchzogen, die sich unter 60⁰ schneiden. Diese Formen fügen sich vollständig den oben behandelten Gesetzen.

2. Centrifugale Formen.

So nenne ich diejenigen Scheiben, auf denen die Zellen oder Körner in der Mitte grösser sind als am Rande. Dies zeigen z. B. *Craspedodiscus elegans* Ehg. Mik. XXXIII. XVIII. 2, *Coscinodiscus limbatus* Ehg. Mik. XXII. 3, *Cosc. marginatus* Ehg. Mik. XVIII. 44. Vom Centrum aus laufen nach dem Rande hin Streifen, deren Zellen allmälig kleiner werden; in den Zwischenräumen laufen Streifen derselben Art nach dem Rande; in den von Zellen noch nicht bedeckten Räumen bilden sich wieder Reihen derselben Art u. s. w., bis die ganze Scheibe von Zellen bedeckt ist.

3. Centripetale Formen.

Mit diesem Namen mögen diejenigen Kreisformen bezeichnet werden, welche radiale Streifen haben, deren Körner oder Zellen nach dem Mittelpunkte hin kleiner werden. Vergleicht man hier die Peripherie des Kreises mit der Längsachse der gestreckten Formen, so übernehmen die radialen Linien die Rolle der Querstreifen. Die Längslinien der gestreckten Formen gehen hier in concentrische Kreise über, die schiefen Streifen in logarithmische Spirallinien, wenn die Abstände je zweier benachbarter Punkte eines Strahles den Abständen vom Centrum der Scheibe proportional sind. Diese Bedingung kann natürlich in aller Strenge nie erfüllt werden, da dann die Zellen am Centrum unendlich klein sein müssten. Hier, in der Nähe des Centrums, hören vielmehr die radialen Streifen entweder vollständig auf, in welchem Falle sich ein kleiner zellenfreier Discus bildet; oder sie verlieren in einer gewissen Entfernung vom Centrum ihre radiale Natur und bilden einen Disculus, der von kleinen, aber unter einander gleich grossen Zellen bedeckt ist.

Vergleicht man zwei benachbarte radiale Streifen, so findet man bei einigen Diatomeen-Arten, dass der eine Strahl genau eine Wiederholung des andern ist. Sie haben daher ein Gewebe, das dem unter 1. behandelten entspricht. Dahin gehören z. B. *Arachnoidiscus ornatus*, *Cyclotella Rotula* mit der Var. *spinosa* m., *Cyclotella Kützingiana*, *Discoplea atlantica*, *atmospherica*, *sinensis*. *sinensis α*, *Stephanodiscus balbicus* m., *Melosira distans*. Bei anderen Diatomeen alterniren die Zellen zweier benachbarter Radialstreifen. Ihr Gewebe entspricht demjenigen, das oben unter 2. dargestellt worden. Als Beispiele nenne ich *Coscinodiscus gigas*, *Stephanodiscus sinensis* und *Niagarae*.

Anhangsweise ziehe ich auch diejenigen Formen hieher, bei denen die Zellen überall gleich gross sind, aber deutliche radiale und spiralförmige Reihen bilden. Es liegt in der Natur der Sache, dass in diesem Falle nur einzelne Reihen radial sein können. Die anderen laufen ihnen parallel, würden also weiter fortgesetzt nicht nach dem Centrum kommen. Sie brechen indess da, wo sie nicht mehr Platz haben, ab. Sind somit am Rande 100 radiale oder annähernd radiale Streifen, so findet man in halber Entfernung vom Centrum nur 50, im vierten Theile der Entfernung nur 25 u. s. f. Oft bilden sich zwischen zwei radialen Streifen symmetrische Bündel von Zellenreihen, die der Mittellinie parallel gehen. Hieher gehören die meisten Arten von *Coscinodiscus*, *Actinoptychus* und *Actinocyclus*. Auch sie scheiden sich in correspondirende und alternirende. Zu jenen gehört z. B. der schöne im Balsam prächtig irisirende *Actinocyclus Janischii* m.; zu diesen *Actinocyclus Ehrenbergii* m., *semiocellatus* m., *clavifer* m., *ancorifer* m., *arcuatus* m., *cruciatus* m., *Coscinodiscus ompha-*

lanthus, subtilis, vulgaris m. Bei *Heliopelta Ehrenbergii*, an den fünf hervortretenden Sectoren kenntlich, alterniren sowohl die Reihen der grossen
Zellen als auch die Reihen der materiellen Punkte, die ein über sie
fortlaufendes feines Gewebe bilden.

Bei den runden Formen, welche centrifugale Reihen zeigen, herrscht
folgendes Gesetz. Wenn die cylindrische Hauptseite von correspondirenden Punktreihen durchzogen wird, so treten auch auf der kreisförmigen
Nebenseite correspondirende Reihen auf; wenn dort die Punkte alterniren,
so alterniren sie auch auf der Scheibe.

II. Maasseinheiten.

Als Längenmaass nehme ich nach dem Vorgange aller älterer Mikro-
skopiker des Festlandes, denen sich auch Ehrenberg und Kützing
angeschlossen, das altfranzösische und zwar den tausendsten Theil einer
Pariser Linie. Die Einführung der reciproken Grössen $1/_{27}$, $1/_{36}'''$ u. s. w.
scheint mir nicht zweckdienlich, schon deshalb weil die Summe oder der
Unterschied zweier solcher Grössen nicht leicht als eine gleichartige dargestellt werden kann. Die Dichtigkeit der auf der Kieselschale befindlichen Streifen bestimme ich mit Ehrenberg und Kützing auf die
Weise, dass ich ausspreche, wie viele derselben auf $1/_{100}$ einer Pariser
Linie gehen. Diese Grösse nenne ich Riefenzahl, mögen die Streifen der
Quere oder der Länge oder in irgend einer geneigten Lage über die
Frustel sich fortziehen. Zwar liegt einer solchen Messung ebenfalls eine
reciproke Zahl zu Grunde, doch ist gerade hier diese Methode nicht nur
praktisch leicht ausführbar, sondern auch für die klare Auffassung der
Riefenverhältnisse förderlich. Bekanntlich messen die Engländer bei ihren
Diatomeen-Beobachtungen die Länge mit Zehntausendtheilen eines englischen Zolles und beziehen die Riefenzahl auf $1/_{1000}$ dieses Zolles. Endlich
haben es einige bedeutende Autoritäten des Festlandes für gut befunden,
von der Ehrenberg-Kützingschen Grössenbestimmung abzugehen,
indem sie als Längenmaass $1/_{1000}$ eines Pariser Zolles nehmen (sie sprechen
freilich schlechthin von „Zoll", ich setze daher voraus, dass sie „Pariser
Zoll" meinen) und die Riefenzahl auf $1/_{1000}$ dieses Zolles beziehen. Natürlich werden dadurch für jeden Beobachter zwei verschiedene Reductionen
nöthig. Nennt man der Kürze wegen jeden, der $1/_{1000}$ und $1/_{100}'''$ Par.
dem Längenmaass und der Riefenzahl zu Grunde legt, Linienmesser;
denjenigen, der seine Messungen auf die oben angegebenen Quoten eines
Pariser Zolles bezieht, Zöllner; denjenigen, der die englischen Maasse
braucht, Engländer; so hat man folgende einfache Rechnenvorschriften
für diese Reductionen.

Der Linienmesser hat die Längen des Zöllner's mit $6/_5$, die Riefenzahlen desselben mit $5/_6$ zu multipliciren, oder zu der Länge $1/_5$ der

angegebenen Grösse zuzulegen, von der Riefenzahl $\frac{1}{6}$ der angegebenen Zahl abzuziehen, um sie in seine Einheiten zu übertragen. Wenn z. B. Rabenhorst angibt: Länge 0·0035″, 24 Querstreifen auf 0·001″; so hat er diese Zahlen auf 0·042‴ und 20 zurückzuführen. Er hat ferner die Längenzahlen des Engländers mit $\frac{8}{9}$, die von ihm gegebenen Riefenzahlen mit $\frac{9}{9}$ zu multipliciren, oder zu jenen $\frac{1}{9}$ der Zahl zuzulegen, von diesen $\frac{1}{9}$ der Zahl abzunehmen. Gibt z. B. Smith als Länge 24, als Riefenzahl 36, so sind diese Zahlen in 27 und 32 zu verändern. Ich bemerke noch, dass diese letzten Reductionsfactoren bis auf $\frac{1}{126}$ der vorliegenden Zahl richtig sind.

Der Zöllner muss die von einem Linienmesser bestimmte Länge mit $\frac{5}{6}$, seine Riefenzahl mit $\frac{6}{5}$ multipliciren, d. h. von jener $\frac{1}{6}$ der Zahl abziehen, zu dieser $\frac{1}{5}$ derselben zulegen. Er muss die von einem Engländer gemessene Länge mit $\frac{15}{16}$, seine Riefenzahl mit $\frac{16}{15}$ multipliciren, d. h. von jener $\frac{1}{16}$ ihres Werthes abziehen, zu dieser $\frac{1}{15}$ ihres Werthes zulegen. Findet er z. B. in der Synopsis von Smith: Länge 0·0032″, 45 Riefen auf 0·001″; so hat er die Zahlen in 0·0030 und 48 zu verwandeln

Der Engländer hat folgende Reductionsvorschriften anzuwenden. Die von einem Linienmesser gegebene Länge hat er mit $\frac{8}{9}$, seine Riefenzahl mit $\frac{9}{8}$ zu multipliciren, also von jener $\frac{1}{9}$ derselben abzuziehen, zu dieser $\frac{1}{8}$ derselben zuzulegen. Die Länge 54 und die Riefenzahl 24 hat er somit in 48 und 27 zu übertragen. Er hat ferner die von einem Zöllner gemessene Länge mit $\frac{16}{15}$, die von ihm angegebene Riefenzahl mit $\frac{15}{16}$ zu multipliciren, oder zu jener $\frac{1}{15}$ derselben zu addiren, von dieser $\frac{1}{16}$ derselben zu subtrahiren. Findet er z. B. in der Flora europaea Algarum von Rabenhorst als Länge 60, als Riefenzahl 32, so hat die Diatomee 0·0064″ Lond. Länge, 30 Riefen auf 0·001″ Lond.

Schliesslich möge noch die Frage erörtert worden, welches Maass für die Diatomen-Beobachter — abgesehen von anderen Naturforschern, die auf ihren Feldern andere Maasse brauchen mögen — das den vorliegenden Umständen am meisten entsprechende sei. Ich beginne mit dem Metermaass, das durch die Grossartigkeit der Idee, die irdischen Längen durch eine Quote des Erdquadranten zu messen, für sich eingenommen hat. Fragen wir indess nach der Länge des Erdquadranten, so erfahren wir, dass jede Gradmessung für ihn eine andere Länge gibt. Es musste daher gesetzlich das Meter von dem altfranzösischen Maasse abhängig gemacht werden, und so sind wir denn wieder auf die Toise du Peru, auf den französischen Fuss, den Zoll und die Linie zurückgekommen und haben, um unsere kleinen Diatomeen zu messen, eine dieser Einheiten zu wählen. Welche? Ich meine, die kleinste, da wir schon mit Tausendtheilen derselben ausreichen. Sollte sich auf diesem Felde die Messkunst, die heute noch sehr roh ist, ausbilden, so wird man $\frac{1}{10000}$ einer Linie zu nehmen haben. Was ferner die Riefenzahlen betrifft, so weist die Natur der Diatomeen, falls wir bei decadischer Eintheilung der Linie bleiben, gerade auf $\frac{1}{100}$ dieser Linie, da die auf diese Weise bestimmten Riefenzahlen etwa zwischen 2 und 100 schwanken, also leicht übersehbar sind. Noch lege ich in die Wagschale, dass der Begründer der Riefenzahlen, Ehrenberg, gerade diese Einheit seinen Messungen zu Grunde gelegt hat und.dass ihm Kützing darin gefolgt ist.

Auch die Engländer werden auf dem Felde der Diatomeen den englischen Zoll, wenngleich er durch die experimentalen Arbeiten Newton's eine besondere Weihe erhalten hat, aufgeben und mit dem Maasse Ehrenberg's messen. Sie werden zur Einsicht kommen, dass der Schwerpunkt der Diatomeen-Kunde nicht in England, sondern in Deutschland liegt.

III. Beobachtungsfehler.

Ich setze voraus, dass der Beobachter grosse Sorgfalt anwendet, um Beobachtungsfehler möglichst zu vermeiden. Zunächst hat er die Vergrösserung der verschiedenen Linsensysteme seines Mikroskopes zu bestimmen, dann das anzuwendende (im Ocular liegende) Mikrometertäfelchen darauf hin zu untersuchen, ob alle Intervalle gleich gross sind oder nicht, und dasselbe zu verwerfen, wenn der letzte Fall eintreten sollte. Er hat ferner den Werth eines Intervalles, oder einer Reihe von 10—20, für die verschiedenen Linsensysteme auf die minutiöseste Weise festzustellen. Will er zu Zeiten die schiefe Spiegelstellung benutzen, von der wir vielleicht durch den Apparat werden befreit werden, den Töpler im 127. Bande der Poggendorfer Annalen auf S. 556—580 beschreibt, so kann er ein Mikrometer, dessen Striche ganz durchgezogen sind, nicht brauchen, da es stets Interferenzstreifen gibt, die leicht für Riefen der Kieselschale angesehen werden können. Sind indessen auch diese und verwandte Vorbedingungen erfüllt und richtet er bei seinen Messungen die grösste Aufmerksamkeit auf seine Arbeit, so macht er doch grössere oder kleinere Fehler. Sie sind einmal unvermeidlich, und so scheint es mir in der Ordnung, sie ein wenig genauer, als es bisher geschehen ist, zu behandeln. Es liege z. B. die Aufgabe vor, die Länge und die mittlere Riefenzahl einer Diatomeenschale zu messen. Da die Längenmessung keine Schwierigkeit hat, so gehe ich über diesen Punkt fort und nehme beispielweise an, dass man 0·036''' gefunden habe. Es bleibt somit noch übrig, den mittleren Werth der Riefenzahl zu bestimmen. Ihn findet man am sichersten dadurch, dass man das Bild der Schale an den schmalen eingetheilten Streifen des Mikrometertäfelchens schiebt und alle Riefen zählt, schliesslich die mit 10 multiplicirte Zahl durch die Länge dividirt. Hat man z. B. 48 gefunden, so ist die gesuchte Riefenzahl, $\frac{480}{36} = 13\frac{1}{3}$. Ich rathe dringend, neben so kleinen Zahlen wie 13 Brüche wie $\frac{1}{3}$ nicht zu vernachlässigen. Man erspart sich auf diese Weise viel Arbeit. Diese

Methode habe ich namentlich bei den grobriefigen Diatomeen, die ich in den Wassern der Tatra gefunden, angewandt z. B. bei allen Frusteln der *Navicula lata* und *divergens*, bei fast allen der *Nav. borealis* und bei den meisten von *Nav. nobilis, major, viridis, oblonga, alternans* und anderen. Doch ist diese Methode nicht überall anwendbar, auch nicht überall, wo sie angewandt werden könnte, nöthig. Hat man z. B. eine feinriefige *Fragilaria* als Object, so ist bei der nahe gleichen Distanz aller Riefen nur nöthig eine grössere Strecke, etwa den Raum von 5 bis 10 Intervallen, je nachdem sie gross oder klein sind, durchzuzählen und aus der entworfenen Tabelle abzulesen, wie viel Riefen auf $1/100'''$ kommen. Benutzt der Beobachter nur ein Intervall, so erhält er natürlich ebenfalls eine Riefenzahl, die aber mit einem stärkeren Beobachtungsfehler behaftet sein wird, als wenn er eine der beiden früheren Methoden angewandt hätte.

Ich gehe jetzt auf den idealen Fall ein, dass dem Beobachter viele Frusteln derselben Art vorliegen, die alle ein und dieselbe Riefenzahl haben, was aber der Beobachter nicht wissen mag. Er wende, um sie aufzufinden, irgend eine, etwa die unvollkommenste Methode an und erhalte als Beobachtungswerthe

33 29 31 29 26 32 30 26 33 31

Das Mittel dieser Zahlen ist 30, seine Beobachtungen weichen somit von diesem Mittel um folgende theils positive theils negative Grössen ab:

3 1 1 1 4 2 0 4 3 1

Sein „mittlerer Beobachtungsfehler" wird dann auf folgende Weise bestimmt. Man multiplicire jede der letzten Zahlen mit sich selbst, addire diese Quadrate, dividire die Summe durch die um 1 verringerte Zahl der Beobachtungen, hier also durch 9, und ziehe aus dem Ganzen die Quadratwurzel. Die Rechnung gibt $2·538$ also etwa $2\frac{1}{2}$. Den „wahrscheinlichen Beobachtungsfehler" findet man, wenn man die letzte Zahl mit dem Wahrscheinlichkeits-Factor $0·67449$ ... multiplicirt, er ist also hier $1·712$ oder etwas über $1\frac{2}{3}$. Diese Zahl hat folgende Bedeutung. Wendet der Beobachter die oben befolgte Methode bei derselben Species etwa 100mal an, so sind 50 seiner Beobachtungsfehler kleiner, die 50 anderen grösser als $1\frac{2}{3}$; wobei hier 100 als Repräsentant einer sehr grossen Zahl von Beobachtungen genommen ist. Er hat also im Allgemeinen auf diesen Fehler zu rechnen. Durchmisst er dagegen nach derselben Methode die Schalen einer andern Diatomeenart, deren constante Riefenzahl halb so gross ist, so ist sein wahrscheinlicher Fehler $5/6$; im Allgemeinen $1/14$ der zu messenden Grösse. Diese Zahl $1/14$ nenne ich den „wahrscheinlichen relativen Beobachtungsfehler". Durch ihn wird einerseits die angewandte Methode, andererseits der Grad der Gewandtheit des Beobachters charakterisirt.

Nennt man allgemein z das Mittel der Beobachtungszahlen, a, b, c ...

die Abweichungen der Beobachtungszahlen von diesem Mittel, n die Auzahl derselben und F den mittleren Beobachtungsfehler, so ist

$$1) \quad F = \sqrt{\frac{a^2 + b^2 + c^2 + \dots}{n-1}}$$

Bezeichnet man ferner mit f den wahrscheinlichen Beobachtungsfehler, so ist

$$2) \quad f = F \cdot 0{\cdot}674$$

Nennt man endlich φ den wahrscheinlichen relativen Beobachtungsfehler, so ist

$$3) \quad \varphi = \frac{F \cdot 0{\cdot}674}{z}$$

Nach den obigen Erörterungen ist der Beobachter im Stande diese Grösse φ sehr herabzudrücken. Doch zeigt sich dabei eine nicht zu überschreitende Grenze.

IV. Die individuelle Schwankung der Riefenzahl.

Untersucht man irgend eine Diatomeenschale z. B. die einer *Navicula*, so findet man die Querriefen an verschiedenen Stellen der Schale verschieden dicht, am Ende meistens dichter als in der Mitte. Theilen wir die etwa 0·090''' lange Schale der Länge nach in drei gleiche Stücke und zählen in jedem Dritttheil die Zahl der Riefen. Ich nehme an, wir finden 40, 28 und 40; die mittlere Riefenzahl ist daher 12, die Riefenzahlen der Mitte und des Endes verhalten sich wie 7 : 10. Theilen wir dagegen die Länge der Schale in 9 gleiche Theile und suchen jetzt für die Mitte und das Ende die Riefenzahlen, so erhalten wir vielleicht Werthe, die sich zu einander verhalten wie 6 : 11. Gehen wir auf noch kleinere Intervalle ein, so mögen wir 5 : 12 erhalten. Wir sehen somit, dass wir zu einer von willkürlichen Annahmen unabhängigen Bestimmung dieses Verhältnisses, d. h. dieser Schwankung der Riefenzahl, die ich die individuelle nenne, da sie sich an dem einzelnen Individuum zeigt, nicht gelangen. Man sollte sich daher, für jetzt wenigstens, bei Beschreibung der Diatomeen begnügen, die grössere oder geringere Lockerheit der Riefen in der Mitte und ihre mehr oder weniger gedrängte Lage an den Enden ohne genauere numerische Angabe zu bezeichnen. Dabei bleibt natürlich die mittlere Riefenzahl bei demselben Individuum unabänderlich.

Aber es liegt noch ein anderer Grund dafür vor, dass man die jetzt üblichen Grenzbestimmungen aufgeben sollte. Nehmen wir wieder den idealen Fall an, dass dem Beobachter viele Individuen einer Species vorliegen, bei denen die Anzahl der Riefen und ihre Vertheilung ganz constant ist, was ihm indess unbekannt sein mag. Die Riefenzahl sei 30 in der Mitte, 50 am Ende und durchschnittlich 38. Wenn der Beobachter bei

Abzählung von 30 bis 50 Riefen auf $^1/_{100}'''$ Fehler macht, die bis auf $^1/_{10}$ der zu beobachtenden Zahl, also bei der unteren Grenze auf $+$ 3, bei der oberen auf $+$ 5 steigen, so wird er nach seinen Messungen geben: Riefen in der Mitte 27 bis 33, am Ende 45—55 auf $^1/_{100}'''$, also 4 falsche Zahlen, aus denen man nicht einmal die mittlere Riefenzahl finden kann. Dazu kommt noch, dass die Grenzenangaben desto fehlerhafter werden, je grösser die Zahl der Beobachtungen ist. Sucht man dagegen stets die mittlere Riefenzahl, so steigt ihre Sicherheit mit steigender Zahl der Beobachtungen.

Gehen wir auf ein verwandtes Feld, auf das der Temperatur der verschiedenen Orte der Erde. Bis gegen Schluss des vorigen Jahrhunderts und zum Theil noch viel später begnügte man sich mit sogenannten Extremen und meinte, dass die Mitteltemperatur eines Ortes das arithmetische Mittel aus diesen Grenzwerthen sei. So fand z. B. Cotte für Toulon die Mitteltemperatur 25·6° C., setzte aber später, da er den Begriff der Mitteltemperatur schärfer fixirte, diese Temperatur auf das herab, was sie wirklich ist, auf 15·7° C.

Erst durch Humboldt's Arbeit über Isothermen wurde das Streben verallgemeinert, die Mitteltemperatur der einzelnen Orte zu finden. Fast alle vorher gemachten Beobachtungen der Temperatur, deren Zahl sich sicher auf viele Millionen beläuft, sind als nutzlos verworfen worden.

V. Die locale Schwankung der Riefenzahl.

Haben wir viele, einem und demselben Gewässer entnommene, Frusteln einer Diatomeenspecies, etwa von *Navicula borealis*, und bestimmen bei jeder derselben nach einer Beobachtungsmethode, die so vollkommen ist, dass wir die Beobachtungen schlechthin als fehlerlos annehmen können, die mittlere Riefenzahl, so finden wir sie bei den verschiedenen Frusteln verschieden gross, etwa

11 14 9 10 10 12 11 12 11 10.

Wollen wir ihren mittleren Werth haben, so müssen wir alle Zahlen addiren und durch ihre Anzahl dividiren und erhalten in diesem Falle 11. Wollen wir aber ausserdem noch die Schwankung der Riefenzahl kennen lernen, so haben wir dasselbe Verfahren anzuwenden, das oben bei Behandung des Beobachtungsfehlers angewandt worden. Zunächst erhebe man die Abweichungen vom Mittel

0 3 2 1 1 1 0 1 0 1

zum Quadrat, addire die Quadrate und dividire die Summe durch die um 1 verringerte Anzahl der Beobachtungen; aus dieser Zahl 2 ziehe man die Quadratwurzel, welche den Werth 1·4142 hat. Diese Grösse muss man dem Früheren gemäss die „mittlere Schwankung" nennen. Multiplicirt man sie mit 0·674, so erhält man die „wahrscheinliche Schwankung" 0·954

Um endlich die „relative wahrscheinliche Schwankung" zu finden, haben wir die zuletzt genannte Zahl durch die mittlere Riefenzahl 11 zu dividiren und erhalten 0·0867 oder etwa $\frac{1}{11}$.

Verallgemeinern wir diese Begriffe, bezeichnen mit z das Mittel, mit α, β, γ ... die Abweichungen vom Mittel, mit n die Anzahl der Beobachtungen, mit S die mittlere, mit s die wahrscheinliche, mit σ die relative wahrscheinliche Schwankung, so erhalten wir

$$4)\ S = \sqrt{\frac{\alpha^2+\beta^2+\gamma^2+\dots}{n-1}}$$

$$5)\ s = S \cdot 0\cdot 674$$

$$6)\ \sigma = \frac{S \cdot 0\cdot 674}{z}$$

Haben dagegen die Beobachtungsfehler eine merkliche Grösse, und wollen wir gleichwohl den mittleren Werth der Riefenzahl und ihre von den Beobachtungsfehlern befreite mittlere Schwankung finden, so haben wir so zu verfahren. Man addire alle, mit Beobachtungsfehlern behaftete, Beobachtungszahlen und dividire die Summe durch die Anzahl der Beobachtungen. Dann erhält man den mittleren Werth der Riefenzahl z. Die Summe aller theils positiver theils negativer Schwankungen α, β, γ ... ist nämlich $= 0$; ebenso verschwindet die Summe der Beobachtungsfehler a, b, c ..., wenn die Anzahl der Beobachtungen genügend gross ist. Hat man z, so ziehe man diese Grösse von allen Beobachtungszahlen ab. Die erste Differenz wird aus den Theilen α und a, die zweite aus den Theilen β und b bestehen u. s. f. Bilden wir nun die Grösse

$$S_1 = \sqrt{\frac{(\alpha+a)^2+(\beta+b)^2+(\gamma+c)^2+\dots}{n-1}}$$

und berücksichtigen, dass die Beobachtungsfehler a, b, c ... ebenso oft positiv als negativ sein können und bei einer hinlänglichen Zahl von Beobachtungen auch sein werden, so können wir S_1 auch in diese Form bringen

$$S_1 = \sqrt{\frac{(\alpha+a)^2+(\alpha-a)^2+(\beta+b)^2+(\beta-b)^2+(\gamma+c)^2+(\gamma-c)^2+\dots}{2n-2}}$$

$$= \sqrt{\frac{\alpha^2+\beta^2+\gamma^2+\dots+a^2+b^2+c^2+\dots}{n-1}}$$

da die Producte sich fortheben. Also folgt mit Hülfe von 1) und 4)

$$7)\ S_1^2 = S^2 + F^2$$

worin S den mittleren Werth der wirklichen Schwankung der Riefenzahl, F den mittleren Werth der Beobachtungsfehler bedeutet. Ferner ist

$$S^2 = S_1^2 - F^2 = S_1^2 \left(1 - \frac{F^2}{S_1^2}\right)$$

$$8)\ S = S_1 \sqrt{1 - \frac{F^2}{S_1^2}}$$

Da die mittlere Schwankung S der Riefenzahl eine nicht unbedeutende Grösse ist, die ich weiter unten für mehrere Diatomeenarten numerisch bestimmen werde, meistens merklich grösser als der mittlere Beobachtungsfehler F, so ist durchschnittlich $\frac{F^2}{S_1^2}$ eine kleine Zahl. Sie hat

wenn F = S ist, den Werth $\frac{1}{2}$, also S $= S_1 \cdot 0.707$

„   F $= \frac{S}{2}$ „   „   „ $\frac{1}{5}$,   „   S $= S_1 \cdot 0.894$

„   F $= \frac{S}{3}$ „   „   „ $\frac{1}{10}$,   „   S $= S_1 \cdot 0.949$.

Bezeichnen wir mit s_1 und σ_1 die entsprechenden Grössen, so ist

$$9)\ s_1 = S_1 \cdot 0.674$$

$$10)\ \sigma_1 = \frac{S_1 \cdot 0.674}{z}$$

In den 4 letzten Gleichungen liegt die allgemeine Lösung unserer Aufgabe. Sind die Beobachtungen so genau dass die Beobachtungsfehler als verschwindend klein betrachtet werden können, so ist $S = S_1$ $s = s_1$ $\sigma = \sigma_1$, diese Grössen also leicht zu finden. Wenn dagegen die Fehler der Beobachtung nicht vernachlässigt werden können, so müssen die Resultate nach den letzten Gleichungen corrigirt werden, was freilich nur ausführbar ist, wenn man wenigstens annäherungsweise seine Beobachtungsfehler kennt.

Ich habe nun für mehrere Diatomeenarten zunächst die mit σ_1 bezeichnete, noch mit dem Beobachtungsfehler behaftete, relative wahrscheinliche Schwankung bestimmt, um sie später von den Fehlern der Beobachtung möglichst zu befreien.

Für *Navicula borealis* liegen mir 4 grössere Gruppen von Messungen vor, von denen die erste 34, die zweite 32, die dritte 35, die vierte 72 Riefenzahlen enthält. Für jede derselben wurden den obigen Formeln gemäss die Grössen S_1 s_1 und σ_1 bestimmt, die hier schlechthin mit S s und σ vertauscht werden können, da ich diese Messungen mit der grössten Sorgfalt ausgeführt habe. Weshalb diese 4 Gruppen bei Bestimmung von S und s gesondert behandelt werden müssen und erst bei Berechnung von σ zusammengezogen werden dürfen, wird der folgende Abschnitt lehren.

Ich erinnere ferner daran, dass s die wahrscheinliche Schwankung der Riefenzahl ist, d. h. diejenige, auf die man durchschnittlich zu rechnen hat. Um nun zu sehen, wie die auf die Riefenschwankung übertragene Theorie und die Erfahrung übereinstimmen, berechnete ich zunächst für die erste Gruppe die mittlere Riefenzahl z $= 11.2$ und die wahrscheinliche Schwankung S $= 0.83$. Es sollte nun nach der Theorie die eine Hälfte der beobachteten Zahlen mehr, die andere Hälfte weniger als um

0·83 von der Riefenzahl 11·2 abweichen. Ich fand 18 grössere, 16 kleinere Abweichungen. Dasselbe führte ich auch für die übrigen Gruppen aus und erhielt

1. 18 grössere, 16 kleinere
2. 14 „ 18 „
3. 17 „ 18 „
4. 38 „ 34 „

im Ganzen . . . . 87 grössere, 86 kleinere; also eine so gute Uebereinstimmung, wie sie bei der ungeraden Anzahl überhaupt nur möglich ist. Als mittleren Werth von σ finde ich 0·0677 oder etwa $\frac{1}{15}$. Ist z. B. an irgend einem Orte der durchschnittliche Werth der Riefenzahl 10, so ist auf eine Schwankung von $^{10}/_{15} = \frac{2}{3}$ zu rechnen. Werden 100 diesem Gewässer entnommene Frusteln durchmessen, so ist zu erwarten, dass 50 derselben Riefenzahlen zeigen werden, die zwischen $9\frac{1}{3}$ und $10\frac{2}{3}$ liegen, die anderen 50 dagegen Zahlen, die theils kleiner als $9\frac{1}{3}$ theils grösser als $10\frac{2}{3}$ sind.

Auf dieselbe Weise habe ich noch andere Diatomeenarten behandelt, für die mir grössere Gruppen von beobachteten Riefenzahlen vorliegen.

Für *Navicula nobilis* benutzte ich zwei Gruppen von 27 und 10 Frusteln und fand $\sigma_1 = 0·0590$.

Navicula major gab mir in Folge der Benutzung von 10 und 20 durchmessenen Frusteln $\sigma_1 = 0·0721$.

Navicula alternans auf Grund der Beobachtung von 30, 8, 8 und 18 Frusteln $\sigma_1 = 0·0697$.

Navicula oblonga aus 10 und 10 Frusteln $\sigma_1 = 0·0774$.

Himantidium gracile aus 12 und 10 Frusteln $\sigma_1 = 0·0795$.

Fragilaria virescens aus einer Gruppe von 17 Frusteln $\sigma_1 = 0·0568$.

Bei *Nitzschia linearis* wurden einerseits die Randpunkte, andererseits die feinen Riefen benutzt. So erhielt ich zwei Gruppen von 12 und 10 Beobachtungszahlen, welche auf $\sigma_1 = 0·0638$ führten.

Gomphonema acuminatum, bei dem ich Gruppen von 15 und 18 Riefenzahlen zu Grunde legte, gab $\sigma_1 = 0·0681$.

Cymbella naviculiformis mit Hülfe einer Gruppe von 34 Frusteln $\sigma_1 = 0·981$.

Bei *Navicula nobilis* und den folgenden Arten war nach meiner Schätzung mein Beobachtungsfehler etwa 3mal so klein als die wirkliche Schwankung, nur bei der zuletzt genannten *Cymbella* mochte sie etwa die Hälfte derselben betragen, da die an den Enden befindlichen Riefen bald weiter, bald weniger weit verfolgt werden konnten. Werden demgemäss die nöthigen Correcturen angebracht, so erhält man als relative wahrscheinliche Schwankung der Riefenzahl für

Navicula borealis	aus	173	Exempl.	0·068
„ *nobilis*	„	37	„	0·056
„ *major*	„	30	„	0·068
„ *alternans* . . .	„	64	„	0·066
„ *oblonga*	„	20	„	0·074
Himantidium gracile . . .	„	22	„	0·076
Fragilaria virescens . . .	„	17	„	0·054
Nitzschia linearis	„	22	„	0·061
Gomphonema acuminatum .	„	33	„	0·065
Cymbella naviculiformis . .	„	34	„	0·088

Obgleich hier ganz verschiedene Genera und Species vertreten sind, so zeigen sich doch die relativen Schwankungen ihrer Riefenzahlen nahehin als gleich; wenigstens ist die grösste noch nicht doppelt so gross als die kleinste. Ihr mittlerer Werth scheint daher allgemeine Geltung zu haben. Man kann daher wohl von den specifischen Verschiedenheiten absehen und erhält dann als relative wahrscheinliche Schwankung, die allen 452 Riefenzahlen entspricht, wenn man die Zahl der Exemplare als Gewichte benutzt, 0·0678 oder etwa $^1/_{15}$, fast genau ebensoviel als für *Navicula borealis* gefunden wurde. Also ist

$$11)\ \sigma = \tfrac{1}{15}.$$

Hienach hätte man bei irgend einer neu auftretenden Diatomeenart darauf zu rechnen, dass die Schwankung der Riefenzahl 15mal so klein ist als die Zahl selbst. Hat diese Art durchschnittlich 15 Riefen auf $^1/_{100}$ einer Linie, so werden ebenso viele einzelne Riefenzahlen zwischen 14 und 16 liegen als ausserhalb dieses Intervalles.

Wenn der Beobachter 4 Frusteln von einer Diatomeen-Species so genau durchmisst, dass die Messungsfehler als verschwindend klein angesehen werden können, so beträgt die relative Abweichung des Mittels seiner 4 Beobachtungszahlen nur die Hälfte von $^1/_{15}$, d. h. $^1/_{30}$. Nimmt er das Mittel von 9 solchen Messungen, so beträgt die relative Abweichung von der mittleren Riefenzahl $\dfrac{1}{15.3} = \dfrac{1}{45}$. Bezeichnet man diese Grösse für u solcher Beobachtungen mit τ, so ist

$$12)\ \tau = \frac{1}{15\sqrt{u}}$$

Au einem anderen Orte (in den Schriften der physikalisch-ökonomischen Gesellschaft zu Königsberg, Jahrgang 1867), führte eine ähnliche Untersuchung zu zwei Grössen, die diesen entsprechen.

Die dort gefundenen Gleichungen

$$13)\ E = \frac{1}{12} \qquad 14)\ N = \frac{1}{12\sqrt{u}}$$

gelten für den Fall, dass der Beobachter mit mässiger Aufmerksamkeit die Riefenzahlen zu bestimmen sucht. Macht er nur eine Beobachtung, so ist seine relative wahrscheinliche Abweichung von der wahren mittleren Riefenzahl $\frac{1}{12}$; macht er n Beobachtungen und zieht das Mittel aus ihnen, so ist die Abweichung dieses Mittels $\frac{1}{12\sqrt{n}}$. In den beiden letzten Formeln sind zwei Elemente — die wirkliche Schwankung der Riefenzahl und der Beobachtungsfehler — noch vereinigt; in den Formeln 11) und 12) ist der Beobachtungsfehler auf Null reducirt. Die Grösse E ist für die dort behandelten Fälle dieselbe, die hier mit σ_1 bezeichnet worden ist.

Multipliciren wir in der Gleichung 7) alle Glieder mit $\left(\frac{0\cdot674}{z}\right)^2$ und benutzen die Gleichungen 10) und 6) dieses Abschnittes und die letzte Gleichung des dritten Abschnittes, so erhalten wir

$$15)\quad \sigma_1^2 = \sigma^2 + \varphi^2.$$

Hier hat σ den constanten Werth $\frac{1}{15}$, während σ_1 und φ variabe sind, da φ der relative wahrscheinliche Beobachtungsfehler ist, der gross und klein sein kann. Ist $\sigma_1 = E = \frac{1}{12}$, so ist $\varphi = \frac{1}{20}$. In den Ausdrücken E und N hat daher der relative wahrscheinliche Beobachtungsfehler den Werth $\frac{1}{20}$.

Die Grössen σ und τ sind aus 452, die Grössen E und N aus 160 Beobachtungen gefolgert und haben somit einiges Gewicht.

VI. Ueber Abhängigkeit der Riefenzahl von der Höhe.

Das von Ehrenberg im Jahre 1835 ausgesprochene Gesetz, dass die Zahl der auf eine gewisse Distanz, etwa auf $\frac{1}{100}$ einer Pariser Linie, gehenden Querriefen für jede Species der Diatomeen eine diese Species charakterisirende Constante sei, gilt zunächst nur für Diatomeen, die an demselben Orte leben. Beobachtet man in wachsenden Höhen eines Gebirges dieselbe Species, so steigt, im Allgemeinen wenigstens, die Riefenzahl. Dies zeigten mir bereits die ersten Beobachtungen der Tatra-Diatomeen. Doch trat die Gesetzmässigkeit dieser Steigerung erst dann klarer auf, wenn an wenigstens drei Orten eine genügend grosse Zahl von Diatomeen durchmessen und die Mittel aus den Beobachtungszahlen gezogen worden, d. h. wenn für diese Orte die Beobachtungsfehler und die locale Schwankung der Riefenzahl der Hauptsache nach beseitigt worden. Wurden diese Bedingungen erfüllt, so traten statt eines gesuchten Gesetzes, scheinbar wenigstens, zwei auf.

1. Die gerade Linie.

Bei einigen Arten steigt, nach den vorliegenden Beobachtungen zu schliessen, die Riefenzahl etwa proportional der Höhe. Ist sie z. B. in 4000 Fuss Höhe 28, in 5000 Fuss 30 gefunden worden und zeigt sich dieselbe Art iu 6000 Fuss Höhe wieder, so hat sie hier 32 Riefen auf $^1/_{100}'''$. Die Riefenzahl kann somit den Ordinaten einer aufsteigenden geraden Linie verglichen werden. Würde dasselbe einfache Gesetz auch in den tieferen Regionen gelten, so wäre, wenn man mit a die Riefenzahl mit h die Höhe bezeichnet, in diesem Falle $a = 20 + \dfrac{h}{1000} \cdot 2$.

Da die Lage dieser geraden Linie desto sicherer bestimmt werden kann, je weiter die mehr oder weniger festen Punkte, durch die sie gelegt wird, von einander entfernt sind; so stellte sich für mich das Bedürfniss heraus, feste Punkte in der Ebene aufzufinden, die mit denen der Tatra combinirt werden könnten. Diese festen Punkte in der Ebene habe ich auf folgende Weise zu finden gesucht. Es ist bereits oben ausgesprochen worden, dass bei einer gewissen Diatomeenart die Riefenzahl für jede Höhe einen dieser Höhe entsprechenden constanten Werth hat. Da indess die Höhe kein Agens ist, so muss die Dichtigkeit der Riefen von den Agentien abhängig sein, die in dieser Höhe wirksam sind. Es könnte sein, dass der Luftdruck bei der Ausbildung der Streifen eine besondere Rolle spielte, oder die Intensität des Lichtes, die galvanischen Ströme, die Wärme. Wenn auch zu erwarten steht, dass alle diese Kräfte auf die Entwickelung des Organismus einwirken, so ist doch, wie die Beobachtungen auf benachbarten Feldern gelehrt haben, — abgesehen von der Feuchtigkeit, die hier überall den constanten Werth 1 hat — die Wärme das kräftigste dieser Agentien, und zwar nehme ich die Sommertemperatur als das hauptsächlich bedingende an. Auf die Einwände gegen diese Annahme werde ich später zurückkommen. Wird aber diese Voraussetzung gemacht, so kann man jeden Ort, an dem Diatomeen beobachtet worden, mit der Tatra in Verbindung setzen, z. B. Königsberg in Preussen, wo ich selbst viel beobachtet habe.

Die Sommertemperatur von Königsberg ist nach 16jährigen Beobachtungen von Professor Luther, dem Leiter unserer meteorologischen Station (siehe d. Schriften der Phys. Gesellschaft in Königsberg 1864), 13·44° R.; in der Tatra ist für jede beliebige Höhe die Sommertemperatur

$$s = 16·57 - \frac{h}{600} \text{ Grade Reaumur.}$$

Sucht man in der Tatra die Höhe, in der die Sommertemperatur gleich der von Königsberg ist, so erhält man $\frac{h}{600} = 3·13$ also $h = 1878$ Fuss. Ich kann somit Königsberg als einen Ort der Tatra betrachten, der 1878 Fuss absolute Höhe hat, und alle bei Königsberg gemachten Beobachtungen derjenigen Species, die auch auf der Tatra vorkommen, zur Bildung von Riefenformeln benutzen.

Aber jeder andere Ort, dessen Sommertemperatur bekannt ist, kann auf dieselbe Weise mit der Tatra in Verbindung gesetzt werden. Dies habe ich für mehrere Orte ausgeführt, gebe aber nicht die Höhe h, sondern $\frac{h}{600}$ an. Wenn ich zugleich diejenigen Orte der Tatra, an denen ich Diatomeen gesammelt, ebenso behandele, so finde ich

Wien	$\frac{h}{600}$ = 0·41	Tatra II.III.$\frac{h}{600}$ =	6·67
Prag	1·05	IV	8·67
Berlin	1·93	V	8·83
Paris	2·09	VI	9·00
Dresden	2·81	VII	9·42
Königsberg	3·13	VIII	10·37
Lewes	3·57	IX	10·76

Die Eisquelle von Koscielisko habe ich hier ausgelassen, da die Sommertemperatur derselben der Höhe nicht entspricht. Die zahlreichen Beobachtungen der ihr entnommenen Diatomeen konnten somit zur Bildung von Riefenformeln nicht gebraucht werden. Doch wird, wie ich glaube, das Studium dieser Quelle Aufschluss über manche hieher gehörige Fragen geben.

Ich gehe jetzt zu den Diatomeen über, deren Riefenzahl sich der Gleichung einer geraden Linie mit grösserer oder geringerer Annäherung fügt. Dabei gebe ich meistens die unmittelbar aus den Beobachtungen hervorgegangenen Riefenzahlen, die ich in den verschiedenen Stationen gefunden, wonach z. B.

in IV aus 15 Ex. a = 30

bedeutet, dass ich für 15 dem Mengsdorfer Thale entnommene Frusteln die mittleren Riefenzahlen gefunden, deren arithmetisches Mittel 30 beträgt. Bisweilen combinire ich die an zwei oder drei ziemlich gleich hohen Stationen gemachten Beobachtungen, um einen möglichst festen Punkt zu gewinnen, benutze aber dabei stets als Gewicht die Zahl der Beobachtungen. Hat mir z. B. eine Species in IV die oben bezeichnete Riefenzahl gegeben, ausserdem aber in V aus 8 Ex. a =34; so erhält man

$$a = \frac{15 . 30 + 8 . 34}{23} = 31·4 \text{ für}$$

$$\frac{h}{600} = \frac{15 . 8.67 + 8 . 8·83}{23} = 8·73$$

Für *Eunotia Diodon* finde ich

in V	aus	9 Ex.	a = 31½	ber. 32·3
VII	„	18 „	34	33·0
IX	„	11 „	34½	34·8

$$a = 20½ + \frac{h}{600} . \frac{4}{3}$$

Für *Eunotia tridentula*

in II aus 7 Ex. a = 34·3 ber. 34·9

IV „ 9 „ 38·8 38·9

V „ 3 „ 40·6 39·2

$$a = 21\tfrac{1}{2} + \frac{h}{600} \cdot 2$$

Käme diese Species bei Dresden vor, so müsste sie daselbst etwas über 27 Reifen auf $\frac{1}{100}'''$, d. h. $32\tfrac{1}{2}$ auf $\frac{1}{1000}''$ Par. haben.

Eunotia paludosa hat

in II aus 5 Ex. a == 43·2 ber. $42\tfrac{1}{3}$

$\frac{h}{600}$ = 8·76 „ 9 „ 43·3 $43\tfrac{1}{8}$

IX „ 23 „ 44·5 $44\tfrac{1}{8}$

$$a = 39 + \frac{h}{600} \cdot \tfrac{1}{2}$$

Eunotia exigua

in $\frac{h}{600}$ = 8·74 aus 9 Ex. a = 54·1 ber. 54·0

10·10 „ 7 „ 57·6 57·0

IX „ 9 „ 58·0 58·5

$$a = 34\tfrac{4}{5} + \frac{h}{600} \cdot {}^{11}\!/_5$$

Himantidium pectinale

bei Königsberg a = $23\tfrac{3}{4}$ ber. $23\tfrac{7}{10}$

in $\frac{h}{600}$ = 7·82 aus 14 Ex. $30\tfrac{4}{5}$ $30\tfrac{3}{4}$

10·56 „ 13 „ 35 $34\tfrac{4}{9}$

$$a = 19 + \frac{h}{600} \cdot \tfrac{3}{2}$$

Meridion circulare

bei Königsberg a = 35 ber. 35·1

in III aus 3 Ex. 42 41·5

IX „ 15 „ 49 48·9

$$a = 29\tfrac{1}{2} + \frac{h}{600} \cdot {}^{9}\!/_5$$

Meridion constrictum

bei Königsberg a = $32\tfrac{1}{2}$ ber. 32·8

in II aus 11 Ex. 37 37

V „ 5 „ 39 39·6

VII „ 5 „ 41 40·3

$$a = 29 + \frac{h}{600} \cdot {}^{6}\!/_5$$

Bei Lewes hat dieses Meridiou also a = 37½ auf 0·001'' Lond.

Fragilaria capuzina

bei Königsberg	a = 35	ber. 35·1
in II u. III aus 44 Ex.	36	36
VII „ 23 „	36·7	36·7

$$a = 34\frac{1}{3} + \frac{h}{600} \cdot \frac{1}{4}$$

Fragilaria virescens

bei Königsberg	a = 39	ber. 39
in II u. III aus 36 Ex.	40⅔	40·2
VII „ 44 „	41⅕	41·1

$$a = 38 + \frac{h}{600} \cdot \frac{1}{3}$$

Cymbella naviculiformis

bei Königsberg	a = 22	ber. 23·7
in II u. III aus 14 Ex.	31	29
IV „ 32 „	32·2	32

$$a = 19 + \frac{h}{600} \cdot \frac{3}{2}$$

Cocconema cymbiforme

bei Königsberg	a = 17	ber. 16·9
in II u. III aus 16 Ex.	21⅞	21·3
$\frac{h}{600} = 9·13$ „ 4 „	24½	24·5

$$a = 13 + \frac{h}{600} \cdot \frac{5}{4}$$

Encyonema caespitosum

bei Königsberg	a = 23½	ber. 24·5
in II aus 17 Ex.	28·6	27·7
VII „ 10 „	30	30·1
IX „ 5 „	31·4	31·4

$$a = 21\frac{2}{3} + \frac{h}{600} \cdot \frac{9}{10}$$

Encyonema prostratum

bei Königsberg	a = 17	ber. 18·2
in II aus 17 Ex.	25¾	24·1
IV „ 6 „	28	27·5
VII „ 14 „	29	28·7
IX. „ 3 „	30⅓	30·9

$$a = 13 + \frac{h}{600} \cdot \frac{5}{3}$$

Ceratoneis Arcus

in III aus 29 Ex. a = $37\frac{4}{5}$ ber. 37·7

IV „ 17 „ 39 39·1

IX „ 4 „ $40\frac{3}{4}$ 40·5

$$a = 33 + \frac{h}{600} \cdot \frac{7}{10}$$

Navicula nobilis

bei Königsberg a = $10\frac{1}{3}$ ber. $10\frac{1}{3}$

in II aus 27 Ex. 13 12·9

IV „ 10 „ $14\frac{1}{9}$ 14·3

$$a = 8\frac{1}{5} + \frac{h}{600} \cdot \frac{7}{10}$$

Navicula major

bei Königsberg a = $11\frac{3}{4}$ ber. $11\frac{3}{4}$

in II aus 10 Ex. $12\frac{2}{5}$ $12\frac{2}{3}$

IV „ 20 „ $13\frac{1}{5}$ $13\frac{1}{6}$

$$a = 11 + \frac{h}{600} \cdot \frac{1}{4}$$

Navicula decurrens

bei Königsberg a = 19 ber. $19\frac{1}{4}$

in V aus 5 Ex. 30 $30\frac{2}{3}$

VI „ 12 „ 31 31

VIII „ 7 „ 34 $33\frac{3}{4}$

IX „ 13 „ 34·9 $34\frac{1}{2}$

$$a = 13 + \frac{h}{600} \cdot 2$$

Zur Orientirung über diese Verhältnisse ist folgende graphische Darstellung förderlich. Man zeichne eine horizontale Linie, durch welche die Höhe repräsentirt sein mag, bestimme auf ihr die Beobachtungs-Stationen durch Punkte und errichte in ihnen Perpendikel, deren Längen den beobachteten Riefenzahlen entsprechen. Dann erhält man, wenn die Zahl der für diesen Fall gebrauchten Stationen 3 ist, drei Endpunkte.

Liegen diese drei Punkte genau oder annähernd in einer geraden Linie, so zeigt die Species das oben behandelte erste Gesetz.

2. Die Parabel.

Dagegen liegen oft die drei Punkte so gegen einander, dass die gerade Verbindungslinie vom ersten zum dritten über den zweiten Punkt fortgeht. In diesen Fällen habe ich die einfachste Annahme gemacht, die diesem Verhältnisse entspricht. Ich habe nämlich der rechten Seite der Gleichung a = p + $\frac{h}{600}$ · q noch ein Glied $\left(\frac{h}{600}\right)^2$ · r zugefügt, wodurch

6 *

man eine Parabel erhält, deren Achse auf der Linie der Höhe perpendikulär steht. Die Ordinaten dieser Curve sind die den verschiedenen Höhen entsprechenden Riefenzahlen.

Für *Stauroneis linearis* finde ich

bei Königsberg $\qquad$ a = 33

in $\dfrac{h}{600}$ = 9 aus 10 Ex. $\qquad$ 50½

IX $\qquad$ „ 20 „ $\qquad$ 57

$$a = 26 + \frac{h}{600} \cdot {}^{19}\!/_{10} + \left(\frac{h}{600}\right)^2 \cdot {}^1\!/_{11}$$

Natürlich lassen sich für die drei Constanten Werthe angeben, die den Beobachtungen vollständig genügen, da hier die Zahl der Beobachtungen ebenfalls drei ist. Ich ziehe es indess vor, den drei Constanten die möglichst einfache Form zu geben. In diesem Falle sind die Abweichungen der Formel von den Beobachtungen ⅙, ¹/₁₅ und ¹/₂₅ also unbedeutend. Ebenso unbedeutend sind sie in den später aufzuführenden Fällen, in denen nur 3 feste Punkte vorhanden sind.

Obwohl diese Formel einfach ist, so ist sie doch nicht so leicht zu brauchen als eine der früheren. Man kann sie indess in jene Form bringen, wenn man sich auf diejenigen Höhen beschränkt, in denen meistens Diatomeen beobachtet werden, etwa auf das Intervall von 0 bis 3000 Fuss.

Setzt man in die entwickelte Formel $\dfrac{h}{600}$ = 0, so wird a = 26; setzt man $\dfrac{h}{600}$ = 5, so wird a = 26 + ³⁵/₃. Die Steigung für 3000 Fuss ist somit ³⁵/₃, also für 600 Fuss ⅞. Legen wir eine gerade Linie von dieser Steigung durch den unteren Beobachtungspunkt, so erhalten wir als verlangte für das niedere Land annäherud geltende Gleichung

$$2)\ a = 25⅔ + \frac{h}{600} \cdot {}^7\!/_3$$

In den später zu behandelnden Fällen werde ich, wenn ein fester Punkt in der Ebene vorhanden ist, diese Gleichung der Hauptgleichung sofort zufügen, sie aber stets durch 2) auszeichnen.

Himantidium gracile hat

bei Königsberg $\qquad$ a = 23 $\qquad$ ber. 22·9

in II $\qquad$ aus 12 Ex. $\qquad$ 24·8 $\qquad$ 24·9

IV $\qquad$ „ 10 „ $\qquad$ 27·8 $\qquad$ 28·3

IX $\qquad$ „ 14 „ $\qquad$ 33·6 $\qquad$ 33·6

Diese Beobachtungszahlen führen auf die Gleichung

$$a = 25·26 - \frac{h}{600} \cdot 1·38 + \left(\frac{h}{600}\right)^2 \cdot {}^1\!/_5$$

der man auch folgende Gestalt geben kann

$$a = 22\tfrac{1}{9} + \left(\frac{h}{600} - 3\cdot45\right)^2 \cdot \tfrac{1}{5}$$

$$2)\ a = 24\tfrac{1}{4} - \frac{h}{600} \cdot \tfrac{2}{5}$$

Die Hauptgleichung lehrt, dass dies *Himantidium* für $\frac{h}{600} = 3\cdot45$, d. h. in 2070 Fuss Höhe die wenigsten Riefen hat, nämlich $22\tfrac{2}{9}$ auf $\tfrac{1}{100}'''$. Senkt oder hebt sich die Diatomee um 600 Fuss, so steigt die Riefenzahl um $\tfrac{1}{5}$; senkt oder hebt sie sich um 1200 Fuss, so steigt die Riefenzahl um $\tfrac{4}{5}$ u. s. w. Der physische Grund für dieses eigenthümliche Verhalten, das sich auch bei einer Reihe anderer Species zeigt, scheint mir folgender zu sein. Jede Art der Diatomeen ist auf eine gewisse Temperatur, also im vorliegenden Falle auf eine gewisse Höhe gewiesen. Hier entwickelt sie die breitesten Riefen. Sinkt oder steigt die Temperatur, d. h. kommt die Diatomee in eine grössere oder geringere Höhe, so befindet sie sich in einem mehr oder weniger innormalen Zustande, der sich darin zeigt, dass sie gedrängtere Riefen bildet.

Ich weiss nicht, ob phanerogame Pflanzen, namentlich Höhenbewohner, in Bezug auf Länge ihrer Blätter oder Internodien beobachtet worden sind. Vielleicht, dass auch bei ihnen in einer gewissen Höhe das Blatt oder Internodium die grössten Dimensionen erhält, also kleiner wird, wenn die Pflanze tiefer hinab oder höher hinauf steigt.

Natürlich ist die Anwesenheit eines Minimums nothwendige Eigenschaft jeder so gelegenen Parabel; doch war es nicht zu erwarten, dass das Minimum innerhalb des Intervalles der Beobachtung liegen würde. Auch die früher behandelte Riefenzahl von *Stauroneis linearis* hat ein Minimum, dasselbe liegt aber tief unter der Basis der Tatra. Es tritt da ein, wo die Sommertemperatur der Rechnung nach 27° R. beträgt, ist also auf der ganzen Erde unmöglich.

Tabellaria flocculosa hat

bei Königsberg a = 33 ber. 33
in IV aus 13 Ex. 39 $39\tfrac{1}{2}$
„ IX „ 15 „ $43\tfrac{4}{5}$ $43\tfrac{3}{5}$

$$a = 32 + \left(\frac{h}{600}\right)^2 \cdot \tfrac{1}{10}$$

$$2)\ a = 31\tfrac{1}{2} + \frac{h}{600} \cdot \tfrac{1}{2}$$

Das Minimum fällt hier auf die Basis der Tatra.

Ceratoneis lunaris

bei Königsberg   a = 32
in $\frac{h}{600} = 8\cdot71$ aus 21 Ex.   30

10·72 „ 22 „   35·6

$$u = 27\tfrac{1}{2} + \left(\frac{h}{600} - 6\cdot25 \right)^2 . \tfrac{2}{5}$$

$$2)\ a = 41\tfrac{1}{3} - \frac{h}{600} . 3$$

Nitzschia Amphioxys

bei Königsberg   ··   a $= 33$

in $\dfrac{h}{600} = 8\cdot43$ aus 5 Ex. $33\tfrac{1}{5}$

      $10\cdot73$ „ 11 „ $41\tfrac{2}{5}$

$$a = 30 + \left(\frac{h}{600} - 5\cdot62 \right)^2 . \tfrac{4}{9}$$

$$2)\ a = 41\tfrac{1}{2} - \frac{h}{600} . \tfrac{11}{4}$$

Cocconema Lunula

bei Königsberg   a $= 24$

in $\dfrac{h}{600} = 9\cdot05$ aus 16 Ex. $32\tfrac{1}{2}$

IX   „ 10 „   39

$$a = 23\tfrac{4}{5} + \left(\frac{h}{600} - 3\cdot63 \right)^2 . \tfrac{3}{10}$$

$$2)\ a = 26 - \frac{h}{600} . \tfrac{2}{3}$$

Gomphonema acuminatum

bei Königsberg   a $= 20$

in $\dfrac{h}{600} = 7\cdot67$ aus 33 Ex.   23

IX   „ 7 „ $29\cdot2$

$$a = 20 + \left(\frac{h}{600} - 3\cdot30 \right)^2 . \tfrac{1}{8}$$

$$2)\ a = 20\tfrac{1}{2} - \frac{h}{600} . \tfrac{3}{40}$$

Navicula alternans

in II und III aus 7 Ex.   a $= 22\cdot6$

$\dfrac{h}{600} = 9\cdot03$ „ 42 „ $25\cdot7$

     $10\cdot57$ „ 17 „ $28\cdot7$

$$a = 20\tfrac{3}{4} + \left(\frac{h}{600} - 3\cdot13 \right)^2 . \tfrac{1}{7}$$

Diese seltsame von mir in den Gewässern der Tatra aufgefundene Species fehlt entweder in der Ebene oder ist daselbst übersehen worden. Käme sie bei Königsberg vor, so müsste sie hier $20\tfrac{3}{4}$ Querriefen auf $\tfrac{1}{100}'''$ haben. — Nachdem diese Formel aufgestellt worden, habe ich N. alternans auch bei Königsberg gefunden; 4 Ex. geben mir als Riefenzahl $21\frac{1}{2}$, also eine Zahl, die nur um $\frac{3}{4}$ von der berechneten abweicht.

Navicula borealis hat

			a $= 12\frac{1}{2}$ ber.	$12\frac{1}{2}$
bei Königsberg				
in IV	aus 34 Ex.		11·2	11·5
V	„ 32	„	11·7	11·8
VI	„ 35	„	11·8	11·9
VII	„ 9	„	12·3	12·3
VIII	„ 6	„	13·8	13·5
IX	„ 72	„	13·9	14·0

$$a = 10\frac{3}{4} + \left(\frac{h}{600} - 6{\cdot}38 \right)^2 . \ ^{17}/_{100}$$

$$2) \ a = 16\frac{1}{2} - \frac{h}{600} \cdot \ ^{13}/_{10}$$

Die ganze Kette von Beobachtungsdaten wird somit mit grosser Annäherung durch die Formel dargestellt. Zugleich sieht man hier sehr deutlich, dass bei wachsender Höhe die Riefenzahl anfänglich sinkt, um später wieder zu steigen.

Navicula firma

			n $= 38$ ber.	$37\frac{1}{5}$
bei Königsberg				
in II	aus 5 Ex.		40	$39\frac{3}{4}$
IV	„ 4	„	$41\frac{1}{3}$	41·1
V	„ 6	„	44	44·4
VII	„ 11	„	46	45·7
VIII	„ 6	„	48	48
IX	„ 13	„	49	49

$$a = 37 + \left(\frac{h}{600} - 1{\cdot}80 \right)^2 . \ ^{5}/_{20}$$

$$2) \ a = 36\frac{3}{5} + \frac{h}{600} \cdot \ ^{1}/_{5}$$

Navicula Amphigomphus

			a $= 37$
bei Königsberg			
in $\frac{h}{600} = 8{\cdot}75$ aus 15 Ex.			48
IX	„ 24	„	56

$$a = 36\frac{1}{2} + \left(\frac{h}{600} - 1{\cdot}90 \right)^2 . \ ^{1}/_{4}$$

$$2) \ a = 36 + \frac{h}{600} \cdot \ ^{1}/_{3}$$

Bei dieser *Navicula* steigt also die Riefenzahl etwas stärker als bei der vorigen.

Navicula nodulosa

bei Königsberg $\qquad$ a $= 20^2/_3$

in $\dfrac{h}{600} = 8{\cdot}90$ aus 15 Ex. $\qquad$ 27·9

$\qquad\qquad 10{\cdot}71$ „ 42 „ $\qquad$ 31·4

$$a = 19 + \frac{h}{600} \cdot \frac{1}{4} + \left(\frac{h}{600} \right)^2 \cdot \frac{1}{12}$$

$$2)\; a = 18^2/_3 + \frac{h}{600} \cdot \frac{2}{3}$$

Navicula crassinervia

bei Königsberg $\qquad$ a $= 31$

in $\dfrac{h}{600} = 8{\cdot}78$ aus 6 Ex. $\qquad$ 42²/₃

IX $\qquad$ „ 24 „ $\qquad$ 52

$$a = 30^1/_5 + \left(\frac{h}{600} - 2{\cdot}78 \right)^2 \cdot \frac{1}{3}$$

$$2)\; a = 31^2/_3 - \frac{h}{600} \cdot \frac{1}{5}$$

Diese Formel gilt mit genügender Annäheruug auch für *Navicula cuspidata*. Noch sei bemerkt, dass bei allen mir bekannten Typen der Gruppe *Frustulia saxonica* die Zahl der Querstreifen leicht in die doppelte Zahl überspringt, die somit für *N. crassinervia* in meiner höchsten Station 104 beträgt.

Für *Stauroneis anceps* mit Einschluss von *St. amphicephala* finde ich

bei Königsberg $\qquad$ a $= 40$

in $\dfrac{h}{600} = 8{\cdot}70$ aus 8 Ex. $\qquad$ 50

IX $\qquad$ „ 13 „ $\qquad$ 57

$$a = 39 + \left(\frac{h}{600} - 1{\cdot}25 \right)^2 \cdot \frac{1}{5}$$

$$2)\; a = 38^1/_2 + \frac{h}{600} \cdot \frac{1}{2}$$

Nach diesen Proben scheint dieses zweite Gesetz auch ausgedehnteren Beobachtungsreihen mit genügender Schärfe zu entsprechen, so dass es wenigstens für die Praxis als Grundgesetz der Abhängigkeit der Riefenzahl von der Höhe genommen werden kann. Es lässt sich in folgenden drei Sätzen aussprechen:

1. Jede Diatomeen-Art hat in einer gewissen Höhe, d. h. bei einer gewissen Temperatur die breitesten Riefen und somit das Minimum der Riefenzahl.

2. Entfernt sich die Diatomee von diesem Orte, kommt sie in eine

höhere oder tiefere Region, so wird ihre Riefenzahl durch die Ordinaten einer Parabel bestimmt.

3. Für jede Art ist die Lage der Parabel durch besondere Beobachtungen festzustellen.

Früher stellte ich als erstes Gesesz das der geraden Linie, jetzt als allgemeines das der Parabel auf. Der Widerspruch löst sich, wenn man berücksichtigt, dass ein wenig gekrümmtes Stück einer Parabel annähernd als gerade Linie angenommen werden kann. In jenen Fällen hat sich die Parabel noch nicht genug markirt.

Was ich hier für einige Arten durchzuführen mich bemüht habe, wird, wie ich hoffe, einst für alle Süsswasserformen der Diatomeen und vielleicht auch für die in verschiedenen Tiefen des Meeres lebenden mit besserem Erfolge durchgeführt werden. Sind ausserdem noch die unteren und oberen Höhengrenzen der einzelnen Arten durch Beobachtungen festgestellt, so haben wir die wesentlichsten Elemente für die Geographie der Diatomeen.

Und nehme man dann, etwa von dem Abhange eines Gebirges, eine kleine Schlammprobe und durchmusterte sie, so würde man aus den gewonnenen Riefenzahlen der Kieselpanzer die Temperatur dieses Ortes und, wenn der Connex derselben mit der Höhe bekannt ist, auch die Höhe dieses Ortes bestimmen. Das Mikroskop würde die Stelle des Thermometers, indirect auch die des Barometers vertreten. Würde ein fossiles Lager durcharbeitet und wiesen die Beobachtungen auf eine Temperatur, die niedriger ist als die jetzt daselbst herrschende, so würden wir auf das Alter des Lagers zu schliessen berechtigt sein, vielleicht finden, dass es sich während der Eiszeit gebildet habe.

Bevor ich diesen Gegenstand verlasse, will ich noch die gewonnenen Formeln zusammenstellen. Dabei werde ich der Kürze wegen H statt $\frac{h}{600}$ setzen und den Anfang der Formeln (a =) überall fortlassen.

Zahl der Querriefen, die auf $\frac{1}{100}'''$ Par. gehen.

Eunotia Diodon	$20\frac{1}{2} + \text{H} \cdot \frac{4}{3}$
tridentula	$21\frac{1}{2} + \text{H} \cdot 2$
exigua	$34\frac{4}{5} + \text{H} \cdot \frac{11}{5}$
paludosa	$39 + \text{H}\frac{1}{2}$
Himantidium gracile	$22\frac{4}{9} + (\text{H} - 3\cdot45)^2 \cdot \frac{1}{5}; \; 24\frac{1}{4} - \text{H} \cdot \frac{2}{5}$
pectinale	$19 + \text{H} \cdot \frac{3}{2}$
Meridion circulare	$29\frac{1}{2} + \text{H} \cdot \frac{4}{5}$
constrictum	$29 + \text{H} \cdot \frac{6}{5}$
Fragilaria capuzina	$34\frac{1}{3} + \text{H} \cdot \frac{1}{4}$
virescens	$38 + \text{H} \cdot \frac{1}{8}$

Tabellaria flocculosa . . . $32 + H^2 \cdot \frac{1}{10}$; $31\frac{1}{2} + H \cdot \frac{1}{2}$
Nitzschia Amphioxys . . . $30 + (H - 5\cdot62)^2 \cdot \frac{4}{9}$; $41\frac{1}{2} - H \cdot \frac{11}{4}$
Cymbella naviculiformis. . $19 + H \cdot \frac{8}{7}$
Cocconema cymbiforme . . $13 + H \cdot \frac{5}{4}$
Lunula . . . . $23\frac{4}{5} + (H - 3\cdot63)^2 \cdot \frac{8}{10}$; $26 - H \cdot \frac{2}{3}$
Encyonema caespitosum . . $21\frac{2}{3} + H \cdot \frac{9}{10}$
prostratum . . . . . . $13 + H \cdot \frac{5}{3}$
Ceratoneis Arcus . . . . $33 + H \cdot \frac{7}{10}$
lunaris . . . . $27\frac{1}{2} + (H - 6\cdot25)^2 \cdot \frac{2}{5}$; $41\frac{1}{3} - H \cdot 3$
Gomphonema acuminatum $20 + (H - 3\cdot30)^2 \cdot \frac{1}{6}$; $20\frac{1}{2} - H \cdot \frac{3}{20}$
Navicula nobilis . . . . $8\frac{1}{5} + H \cdot \frac{7}{10}$
major . . . . $11 + H \cdot \frac{1}{4}$
alternans . . . . . . $20\frac{3}{4} + (H - 3\cdot13)^2 \cdot \frac{1}{7}$
borealis . . . . . . $10\frac{3}{4} + (H - 6\cdot38)^2 \cdot \frac{11}{100}$; $16\frac{1}{2} - H \cdot \frac{13}{10}$
firma . . . . $37 + (H - 1\cdot80)^2 \cdot \frac{3}{20}$; $36\frac{3}{5} + H \cdot \frac{1}{5}$
Amphigomphus . . . $36\frac{1}{2} + (H - 1\cdot90)^2 \cdot \frac{1}{4}$; $36 + H \cdot \frac{1}{3}$
decurrens . . . . . . $13 + H \cdot 2$
nodulosa . . . . . . $19 + H \cdot \frac{1}{4} + H^2 \cdot \frac{1}{12}$; $18\frac{2}{3} + H \cdot \frac{2}{3}$
crassinervia . . . . . $30\frac{4}{5} + (H - 2\cdot78)^2 \cdot \frac{1}{3}$; $31\frac{1}{3} - H \cdot \frac{1}{5}$
Stauroneis linearis . . . $26 + H \cdot \frac{19}{10} + H^2 \cdot \frac{1}{11}$; $25\frac{2}{3} + H \cdot \frac{1}{3}$
auceps . . . . $39 + (H - 1\cdot25)^2 \cdot \frac{1}{5}$; $38\frac{1}{2} + H \cdot \frac{1}{2}$

Diese 31 Formeln stützen sich, abgescheu von den festen Punkten der Ebene, auf 1269 mittlere Riefenzahlen, durchschnittlich also jede derselben auf etwa 41. Gleichwohl sind sie der strengsten Controlle bedürftig und werden grössere oder geringere Correcturen erleiden.

Wenn wir mit dem Namen Höhenbewohner diejenigen Diatomeen-Arten bezeichnen, deren Riefen in einer gewissen Höhe über der Basis der Tatra am breitesten sind, deren Riefenzahlen also in dieser Region den geringsten Werth haben, und dieselben nach aufsteigender Höhe ordnen, so finden wir

Stauroneis anceps	750 Fuss	Himantidium gracile . . .	2070 Fuss
Navicula firma	1080 „	Cocconema Lunula	2178 „
„ Amphigomphus .	1140 „	Nitzschia Amphioxys. . .	3372 „
„ crassinervia . .	1668 „	Ceratoneis lunaris	3750 „
„ alternans	1878 „	Navicula borealis	3828 „
Gomphonema acuminatum	1980 „		

Durch die hier augegebenen Höhen wird für jede dieser Arten ihre heimatliche Region bestimmt, von der aus sie sich theils in die Ebene herabsenkt, theils höher auf's Gebirge aufsteigt. Als oberster Höhenbewohner tritt hier *Navicula borealis* auf. Die Sommertemperatur ihrer Heimat beträgt $10\frac{1}{5}^0$ R. Auf der Tatra finden wir dieselbe in der oben angegebenen Höhe 3828 Fuss. In der Ebene der nördlichen Halbkugel hat diese Sommertemperatur z. B. Petropawlowsk in Kamschatka, Euontekies in Lappland, Stromness auf den Orkney-Inseln. Nach Ehrenberg verbreitet sich diese *Navicula* nördlich bis zu den Küsten der Baffinsbai, südlich bis zur Cockburn-Insel, also über eine Zone von 138 Breitengraden. Am Monte-Rosa steigt sie bis 11770 Fuss hinauf.

VII. Specielle Bemerkungen zu den beobachteten Tatra-Diatomeen.

Von *Epithemia saxonica* Ktz. Bac. S. 35 V 15; Wien 1862, S. 323 VI 6! habe ich in der der Eisquelle entnommenen Probe 4 Exemplare mit 6 Canälen, 30 Querriefen auf $^1/_{100}'''$ gefunden. Die Punkte, aus denen die Querriefen bestehen, bilden Längsreihen, von denen 34 auf $^1/_{100}'''$ gehen. Länge 11—13 T. (Tausendtheile einer Pariser Linie.)

Epith. turgida (Ehg.) Sm. Syn. I S. 12 I 2. Zwei ebenfalls von der Eisquelle gelieferte Epithemien mit 15 Canälen und 35 Querriefen auf $^1/_{100}'''$ ziehe ich hieher, obwohl sie überaus klein sind. Länge 6—8 T.

Epith. zebrina (Ehg.) Mlk. XIII I 12 b. c. Eine in der Station II gefundene Frustel mit 7 Canälen auf $^1/_{100}'''$, 29 Querriefen auf der Schale, 52 auf dem Kieselbande und eine zweite des Kohlbachthales mit 9 Canälen und 33 Querriefen auf $^1/_{100}'''$ gehören nach Structur und Zahl der Canäle und Punktreihen zu *E. zebrina*, obwohl sie durch ihre Form an *E. Westermanni* erinnern. Länge 20—24 T.

Von *Epith. alpestris* Ktz. Bac. S. 34 V 16 gab das Mengsdorfer Thal ein Exemplar mit 6 Canälen auf $^1/_{100}'''$, 32 Querriefen auf der Schale, 42 auf dem Kieselbande. Länge 25 T.

Eunotia alpina Ktz. Bac. S. 36 III 10, in der Syn. I S. 16 II 16 als *Eun. Monodon* aufgeführt. hat sich nur einmal in der Station VIII sehen lassen. Länge 20 T., Breite fast $^1/_3$ der Länge, 29 Querriefen und 33 ziemlich deutliche Längslinien auf $^1/_{100}'''$.

Eun. Monodon Ehg. Mik. III I 13; *Himantidium curtum* Grunow. Wien 1862 S. 338 VI 16 unterscheidet sich von *Him. Arcus* namentlich durch grössere Breite und die schief abgestutzten kopfförmigen Enden. Aus 36 Frusteln finde ich a = 31 in 5560 Fuss Höhe. Länge 7—18 T.

Eun. Diodon Ehg. Syn. I S. 16 II 17! häufig in V, VII und IX. Sie lebt auch in Gemeinschaft mit der vorigen in feuchter Erde, da ich sie an den Wurzeln der im Kohlbachthale gesammelten Pflanzen öfter gefunden. Länge 8—22 T.

Eun. bidentula Sm. Syn. II S. 83; *Eun. Camelus?* Ehg. in Grev. Ann. Nebenseite eben, nur an den schief abgeschnittenen Enden gewölbt; die beiden Höcker meistens hoch gehoben, oft sehr spitz, nur bei kleinen Exemplaren schwach entwickelt. Auf dem Kieselbande feine Querstreifen, die doppelt so dicht stehen als die der Nebenseite. Die je zwei Flecken, die man an den Enden der Bauchseite aller Eunotien antrifft, sind hier stark markirt und mit einem Hof umgeben. Die Kieselpanzer ganzer Frusteln sind schmutzig gelbbraun, wohl in Folge eines inneren Belages, da einzelne Schalen grau oder farblos sind. Länge 6—20 T. Ziehe ich die von mir gemachten Riefenbeobachtungen in zwei Punkte zusammen, so erhalte ich

$$\text{in } \frac{h}{600} = 8\text{·}47 \text{ aus } 12 \text{ Ex.} \quad a = 34\text{·}3$$

$$10\text{·}57 \quad _n \quad 31 \quad _n \quad 36\text{·}6$$

$$a = 26 + \frac{h}{600} \cdot 1$$

Eun. Camelus Ehg. Amer. II I 1; Beitr. S. 4 I 6 a. b. Kleiner als die vorige Art, 5—13 T. lang, farblos, mit mehr abgerundeten Enden. Auf der Bauchseite sind die Endflecken verhältnissmässig kleiner als bei jener. Ich finde

$$\text{in VII aus 7 Ex.} \quad a = 38\tfrac{1}{8}$$
$$\text{IV} \quad _n \, 15 \, _n \quad a = 39\tfrac{2}{3}$$

$$a = 29 + \frac{h}{600} \cdot 1$$

Smith gibt für die vorige a = 37⅓, eine Zahl, die mit meinen Beobachtungen unverträglich ist. Vielleicht hat er *Eun. Camelus* gesehen und durchgemessen.

Eun. tridentula Ehg. Amer. II I 14; Wien 1862 S. 334 VI 13, mit drei mehr oder weniger gehobenen Höckern, von denen jeder wieder in zwei zerfällt: auf der Bauchseite nicht selten zwei starke Vorsprünge. Sie kommt häufig in II, IV und V vor, fehlt aber in grösseren Höhen. Länge 6—9 T.

Eun. denticulata (Breb.) Rabenhorst Alg. S. 73, gestreckter als die vorige, mit drei bisweilen spitzen Höckern, nur in II und IV gefunden. Von jener unterscheidet sie sich auch durch die hohe Riefenzahl. Ich fand aus 4 Ex. a = 49 in 4850′ Höhe, in welcher jene kaum 38 Riefen auf ¹/₁₀₀‴ hat. Länge 7—8 T.

Eun. trigranulata m., einem kleinen *Himantidium Arcus* ähnlich, mit gewölbtem oder schwach dreiwelligem Rücken und drei in der Rückenwand liegenden Körnern

$$\text{in II fand ich aus 2 Ex.} \quad a = 30$$
$$_n \, \text{V} \quad _n \quad _n \quad _n \, 1 \, _n \quad 32$$

Später werde ich auf sie zurückkommen. Länge 6—8½ T.

Eun. quaternaria Ehg. Amer. II I 13 schliesst sich an *Eun. tridentula* an. Ein 0·008‴ langes Exemplar mit 27 Querriefen auf ¹/₁₀₀‴ wurde im Siebenseethale gefunden.

Eun. exigua Breb. Alg. S. 73, Wien 1862 S. 340 VI 15 a, b, c mit einer und zwei Rückenwellen, ist auf der Tatra in allen Höben ziemlich häufig. Länge 4—8, durchschnittlich 6 T.

Eun. gracilis Sm. Syn. I S. 16 XXX 249 ist schlanker, hat viel stärker abgeschnürte Enden und wohl nie zwei Rückenwellen. Ziemlich häufig im Siebenseethale, wo 7 Ex. a = 52½ gaben, fast eben so viel als die vorige. Gleichwohl scheint sie mir eine besondere Art zu bilden. Als Länge fand ich 5½—7, durchschnittlich 6 T., nach Smith dagegen steigt sie bis über 0·020''' Par.

Eun. paludosa Grunow Wien 1862 S. 336 VI 10 ist namentlich im Kohlbachthale häufig. Die grösseren fast geraden Frusteln zeigen einen starken Längsstreifen auf den Nebenseiten. Länge 6—15—22 T.

Himantidium gracile Ehg. Amer. II I 9; Syn. II. S. 14 XXXIII 285, fast in allen Höhen der Tatra häufig, wird in III bis 68, in IV bis 79, in IX bis 59 T. lang. Die Länge der grössten Frustel, die Smith gemessen, beträgt 0·0065'' Lond. = 0·073''' Par. Bezeichnet man mit a die Querriefen der Schale, mit α die des Kieselbandes, so ist α = ²/₂a. Oefters fand ich es auch in der feuchten Erde des Kohlbachthales.

Him. majus Sm. Syn. II S. 14 XXXIII 286, LX 286 β, mit einer und mit zwei Rückenwellen. Ich fand

in IV aus 2 Ex. a = 26½ Länge 51—63 T.

„ VII „ 3 „ 30 „ 35—39 „

Da in Preussen die Riefenzahl 20 beträgt, so lassen sich meine wenigen Tatra-Beobachtungen mit den preussischen durch die Formel

$$a = 16 + \frac{h}{600} \cdot \tfrac{1}{3}$$ vereinigen. Es steht am nächsten dem *Him. gracile*, das in den beiden angeführten Stationen 27·8 und 30 als Riefenzahlen hat. Wenngleich somit der Abstand der Riefen annähernd derselbe ist, so scheint mir doch das robuste *Him. majus* wegen der grösseren Breite der Nebenseiten eine besondere Art zu sein.

Him. pectinale Ktz. Bac. S. 39 XVI 11; Syn. II S. 12 XXXII 280 ist in den Gewässern der Tatra ziemlich häufig, aber nie gross. Seine Länge schwankt zwischen 5—16 T. Die Querstreifen der Schale bestehen aus Punkten, die bisweilen ziemlich deutliche Längslinien bilden, deren Zahl eben so gross ist, als die der Querriefen. Auch hier sind auf dem Kieselbande feine Querstreifen, für die α = a . ¹/₃, doch liegen dem letzten Factor nur drei Messungen zu Grunde.

Him. minus Ktz. Bac. S. 39 XVI 10; Wien 1862, S. 341 VI 19, eine selbstständige Art. Die Nebenseite zeigt am Bauchrande 4 Flecken, die bei genauerer Beobachtung wie Ausschnitte erscheinen; die Bauchseite zeigt sie somit in doppelter Zahl. Es ist häufig in II, wo ich aus 22 Ex. a = 33 fand, nicht selten in IV, wo mir 4 Ex. a = 34½ gaben, und scheint nur bis 6220 Fuss aufzusteigen. Länge 8—13 T. Meine bei Königsberg gemachten Beobachtungen mit diesen combinirt führen auf

$$a = 27\frac{1}{2} + \frac{h}{600} \cdot \frac{4}{5}$$

Him. Arcus Sm. Syn. II S. 13 XXXIII 283 ist hier nur spärlich vertreten. In 5022 und 6360 Fuss hat es respective 41 und 42 Riefen auf $\frac{1}{100}'''$. Länge 5—12 T. Ein in der Station II gefundenes Band, das ich hieher ziehe, zeigt in zwei benachbarten Hauptseiten schiefe Theilungslinien, durch welche die Kieselbänder etwa nach der Diagonale geschnitten werden. Die Länge der einzelnen Frustel beträgt 16, die Breite der Hauptseite $3\frac{1}{2}$ T. Der sichtbare Rand der Schale hat 41, das Kieselband 55 Querstreifen auf $\frac{1}{100}'''$.

Für *Him. bidens* Greg. Syn. II S. 13 XXXIII 284, das namentlich im Siebenseethale häufig ist, finde ich

in $\frac{h}{600}$ = 8·40 aus 5 Ex.   a = $33\frac{3}{5}$

$\qquad\qquad$ 9·42 „ 16 „ $\qquad$ $34\frac{2}{3}$

$\qquad\qquad$ 10·66 „ 4 „ $\qquad$ $38\frac{1}{4}$ Länge 10—25 T.

Eine aus II stammende Frustel ist, wie es scheint, durch Conjugation aus *Eun. trigranulata* hervorgegangen und noch nicht gehörig ausgebildet. Die grosse Schale ist $12\frac{1}{2}$ T. lang, $2\frac{1}{4}$ T. breit und hat 40 Querriefen auf $\frac{1}{100}'''$; die kleine $5\frac{1}{2}$ T. lang, $1\frac{1}{2}$ T. breit. Ihre eigenen Querriefen habe ich wegen der durchscheinenden Riefen der grossen Schale nicht sehen können. Noch muss ich bemerken, dass ich bei Darstellung meiner mikroskopischen Präparate die feuchte Probe auf das Deckglas bringe und dann glühe. Es liegt also nicht die kleine Form auf der grossen, vielmehr hängt die grosse an der kleinen.

Meridion circulare Ag. Syn. II S. 6 XXXII 277, 277 β und *Mer. constrictum* Ralfs Syn. XXXII 278, 278 β, LX 278 γ kommen in keiner meiner Stationen zusammen vor. Nicht selten sind die symmetrischen Varietäten β; nur in VII die gestreckte etwas gewundene Var. γ. Auch habe ich im Siebenseethale die Form gesehen, der Ehrenberg den Namen *Podosphenia?* Pupula gegeben. Länge der ersten Form 6—28 T., der zweiten 8—20 T.

Für *Odontidium mesodon* Ktz. Bac. S. 44 XVII 1, 13; Syn. II S. 16 XXXIV 288 finde ich

$\qquad$ in II aus 10 Ex. $\qquad$ a = 33

$\qquad\qquad$ VII „ 11 „ $\qquad\qquad$ 39

$\qquad\qquad$ IX „ 2 „ $\qquad\qquad$ 43

$$a = 28\frac{2}{3} + \left(\frac{h}{600} - 1\cdot5 \right)^2 \cdot \frac{1}{6}$$

2) $a = 28 + \frac{h}{600} \cdot \frac{1}{3}$ und $b = a \cdot \frac{13}{10}$

In der Eisquelle, in der die Hauptform häufig ist, zeigten sich auch zwei diatomaartig zerfallene Bänder. Länge 4—12 T.

Odont. hyemale (Lyngb.) Ktz. Bac. XVII 4; Syn. XXXIV 289 ist wohl nicht mit jenem zu vereinigen. Ziehe ich meine Beobachtungen von 28 Frusteln zusammen, so erhalte ich a = 31 in 4700 Fuss Höhe, in der jenes 35¼ Riefen auf $\frac{1}{100}'''$ hat. Für die Längsstreifen gilt hier b = a . %. Länge 8—23 T.

Die Var. *Odont. turgidulum* Ktz. Bac. XVII 2 tritt in der Tatra nur vereinzelt auf.

Odont. anceps (Ehg.) Amer. S. 127; Mik. III 1 22; *Odont. anomalum* Sm. Syn. II S. 16 LXI 376. Es wurde eine Frustel in II, die die Nebenseite zeigte, und ein aus 8 Frusteln bestehendes Band in IX gefunden. Sie haben 8 Rippen, 25 Querstreifen, 49 Längslinien auf $\frac{1}{100}'''$. Länge 6—8 T.

Diatoma grande Sm. Syn. II S. 39 XL 310, leistenförmig mit eingezogenen Enden. Ein Exemplar aus V und eines aus VII haben 37 Querriefen auf $\frac{1}{100}'''$. Länge 16—18 T.

Diat. elongatum Ag. Syn. XL 311, breitleistenförmig mit stumpfen Enden. Zwei in V und IX gefundene Exemplare haben ebenfalls a = 37. Länge 14—15 T.

Diat. vulgare Borg. Syn. XL 309, elliptisch mit vortretenden Spitzen. Es zeigte sich nur ein 9½ T. langes Exemplar in V mit a = 36.

Einen Uebergang der schmalen leistenförmigen

Fragilaria capuzina Desm. Syn. II S. 22 XXXV 296 in die langrhombische, die Kützing (Bac. XVI 3) zeichnet, habe ich nicht sehen können. Die letzte Form hat meistens mehr oder weniger abgeschnürte Enden und dreiwellige Seitenränder. *Frag. diophthalma* Ehg. Mik. VII II 23, XII 2, XIII 22 ist wohl besser zu

Frag. virescens Ralfs Bac. XVI 4; Syn. XXXV 297 als zu der vorigen zu ziehen. Beide Grundformen und Varietäten fehlen in der Eisquelle, sind dagegen in fast allen anderen von mir untersuchten Gewässern der Tatra häufig.

Länge der leistenförmigen *Frag. capuzina* 12—24, der rhombischen 7—20, Länge der *Frag. virescens* 12—24, der *Frag. diophthalma* 5—10 T.

Frag. undata Sm. Syn. II S. 24 LX 377, 377 β, mit einer und mit zwei Anschwellungen, selten in II und III, ziemlich häufig im Siebenseethale. Doch habe ich nur 8 Frusteln durchmessen und finde in 4848 Fuss Höhe 38¼ als Riefenzahl. Länge 6—16 T.

Frag. elliptica m. Königsb. 1864 II 6 C. D., wohl eine selbstständige Art, hat in Preussen 25 unterbrochene Rippen, in II der Tatra 27½ auf $\frac{1}{100}'''$. Länge 4—7 T.

Frag. mutabilis (Sm.) Syn. II S. 17 XXXIV 290; Königsb. 1864 II 3 A—G hat in Preussen 14, in 6250 Fuss Tatra-Höhe 19 Rippen auf $\frac{1}{100}'''$. Länge 6—16 T.

Synedra splendens Ktz. Bac. S. 66 XIV 16; *Syn. radians* Sm.

Syn. 1 S. 71 XI 89. Nebenseite langrhombisch, Endbreite gleich oder kleiner als die Hälfte der grössten Breite, mit kreisförmigem Pseudonodulus. Hauptseite in der Mitte um $\frac{1}{4}$ bis $\frac{1}{2}$ der grössten Breite eingezogen. Acht Frusteln, die ich in der Eisquelle fand, gaben als Länge 43—60 T., als Riefenzahl 19.

Syn. Oxyrhynchus Ktz. Syn. XI 91 wurde dreimal in der der Eisquelle entnommenen Probe gesehen. Riefenzahl 22, Länge 53—58 T. Vou *Syn. radians* Ktz. Bac. S. 64 XIV 7 (1—4) gab die Eisquelle ein 24 T. langes Exemplar mit 34, das Kohlbachthal ein 13 T. langes Exemplar mit 49 Riefen auf $\frac{1}{100}$'''.

Syn. pulchella Ktz. Bac. XXIX 37; Syn. XI, XXX 84. Ein in der Eisquelle gefundenes Exemplar hatte a $= 30$, ein der Station III entnommenes a $= 35$. Länge 26 – 35 T.

Tabellaria flocculosa Ktz. Bac. S. 127 XVII 21 ; Syn. II S. 45 XLIII 316 ist am häufigsten im Mengsdorfer Thale und im oberen Thale des kleinen Kohlbach. Die Zahl der Längslinien wird durch b $= \frac{5}{9}$a bestimmt. Länge 6—11 T.

Tab. fenestrata (Lyngb.) Ktz. Bac. XVII 22 ; Syn. XLIII 317 wurde nur im Mengsdorfer Thale in 5200 Fuss Höhe gefunden. Hier gaben mir 9 Ex. a $= 31$, b $= 30$. Länge 7—11 T.

Gomphogramma rupestre A. Braun S. Diat. IX, Wien 1862 S. 412 VII 37 ist im Mengsdorfer Thale häufig. Nebenseite meniscusförmig mit vortretenden stumpfen Enden, mit 3—5 Rippen (durchschnittlich 10 auf $\frac{1}{100}$'''), von denen jede aus einem starken Randpunkte und allmälig schwächer werdenden Körnern besteht. Ist der starke Randpunkt oben auf der linken Seite, so ist er unten auf der rechten Seite, wie bei *Denticula* und den meisten Nitzschien. Auf der Hauptseite sieht man einspringende Doppelleisten, die nie aufeinander treffen, wie bei *Tabellaria flocculosa*. Die Haupt- und Nebenseite wird von Punktreihen durchzogen, für die a $= 33$, b $= 29$. Die mittlere Länge ist $4\frac{1}{3}$, die mittlere Breite der Nebenseite 2, die der Hauptseite $5\frac{2}{3}$ T. Die Länge schwankt zwischen $2\frac{1}{2}$ und 7 T.

Campylodiscus spiralis Sm. Syn. 1 S. 29 VII 54 wurde nur einmal in der Eisquelle gefunden. Das Exemplar hat 6 Canäle, 34 Punktreihen auf $\frac{1}{100}$'''. Länge 28 T.

Camp. nanus m. Nebenseite rundlich elliptisch, ein wenig in Herzform übergehend, sattelförmig gebogen. Der Rand mit Augenflecken (jederseits 8--10), die Scheibe mit Strahlen, die einerseits an den mittleren schmalen Längsstreifen stossen, andererseits durch schwache Streifen mit den Augenflecken am Rande communiciren. Ausserdem zeigen sich auf dem Rande feine Punktreihen (53 auf $\frac{1}{100}$''' in der mittleren Höhe von 5500'), die auf der Scheibe nicht gesehen werden konnten, da auch nach der Glühung der Schale ein Rückstand des Inhaltes blieb. Es wurden

4 sehr kleine, $5\frac{1}{2}-6\frac{1}{2}$ T. lange Exemplare in V und VII gefunden. Ihrer besonderen Kleinheit wegen und wegen der Ungleichheit beider Enden nahm ich Anstand diese Schälchen zu *Campylodiscus* zu ziehen, weiss indess keinen schicklicheren Ort.

Surirella microcora Ehg. Amer. S. 136 II I 21. Obwohl Ehrenberg angibt „pinnulis in $\frac{1}{100}$, lineae 10", so ziehe ich doch die von mir in Preussen beobachteten Formen und das eine aus III stammende Exemplar der Tatra hieher, obwohl die Zahl der Canäle etwa nur halb so gross ist. In Preussen hat sie 30, das Tatra-Exemplar 40 feine Punktreihen auf $\frac{1}{100}'''$. Länge 13 T.

Sur. ovalis Breb. Syn. I S. 33 IX 68, spitzeiförmig. Ein der Eisquelle entnommenes Exemplar hatte 18 Canäle, 62 feine Punktreihen auf $\frac{1}{100}'''$. Länge $6\frac{1}{2}$ T.

Sur. minuta Breb. Syn. IX 73, eiförmig, nicht selten in der Eisquelle. Vier Exemplare gaben mir 13 Canäle, 45 Punktreihen auf $\frac{1}{100}'''$. Länge 10—15 T.

Sur. pinnata Sm. Syn. IX 72, langeiförmig, häufig in der Eisquelle. Sieben Exemplare hatten sehr übereinstimmend 16 Canäle, 52 Punktreihen auf $\frac{1}{100}'''$. Länge 10—15 T.

Sur. angusta Ktz. Syn. XXXI 260, leistenförmig mit keilförmigen Enden. Drei in der Eisquelle gefundene Exemplare hatten 14 Canäle auf $\frac{1}{100}'''$. Länge 12—16 T.

Amphipleura pellucida Ktz. Bac. S. 103 III 52 XXX 84. Nebenseite lanzettförmig; die Breite beträgt durchschnittlich $\frac{1}{7}$ der Länge. Der Längsstreifen, in dem die Mittellinie sichtbar ist, erweitert sich in merklicher Entfernung von den Enden und hat hier in der Mitte eine starke Längslinie, die vielleicht Fortsetzung der in der Erweiterungsstelle unsichtbaren Mittellinie ist. Bei verschiedener Beleuchtung sieht man weiche steile Querstreifen, ferner ebenso dichte Längsstreifen von derselben Art und 2 unter 45^0 gegen die Achse geneigte Systeme. Ein Exemplar gab 45 Querriefen, 45 Längslinien und 64 geneigte auf $\frac{1}{100}'''$; ein anderes Exemplar zeigte 38 Querriefen und 55 geneigte. Ziehe ich beide zusammen, so erhalte ich $a = b = 41\frac{1}{2}$, $c = 58$. Da $41\frac{1}{2} . \sqrt{2}$ den Werth $58\frac{2}{3}$ hat, so ist darüber kein Zweifel, dass wir hier correspondirende Reihen der einfachsten Art vor uns haben. Unter den Längslinien sind jederseits 3 besonders stark, doch haben dieselben nicht — worauf ältere Beobachtungen geführt — die Natur von vorspringenden Kanten. Noch bemerke ich, dass die Zahl der Querriefen leicht in die doppelte Zahl überspringt, indem ihre je zwei Ränder als besondere Linien erscheinen. Beide hier aufgeführte Frusteln stammen aus der Eisquelle. Länge 28—31 T.

Denticula obtusa Sm. Syn. II S. 19 XXXIV 292. Nebenseite leistenförmig, kurz vor den Enden etwas eingezogen; Hauptseite rechteckig; Querschnitt ein Rhomboid, was wohl von allen *Denticula*-Arten gelten mag. Nur bei schiefer Lage, in der man sie freilich gewöhnlich sieht, erscheinen die Längsränder als convexe Linien. In der Eisquelle finde ich bei 9 Exemplaren durchschnittlich 8 Rippen, 39 Querriefen auf $1/100'''$. In II kommt auch eine schlankere Form vor, die aber nicht wesentlich von der Hauptform verschieden ist. Länge 11- 25 T.

Denticula tenuis Ktz. Syn. XXXIV 293. Die von Smith gezeichnete gestreckte Form habe ich nur dreimal in II und zweimal in VII gesehen. Sie hat 7 – 8 Rippen, 36 Querriefen und 50 Längslinien auf $1/100'''$. Länge 11 — 19 T.

Denticula frigida Ktz. Bac. S. 43 XVII 7; Wien 1862 S. 547, 556 XII 33 zeigte sich dreimal in der Eisquelle, wo sie 14 Rippen, 40 Punktreihen auf $1/100'''$ hat, und je einmal in II und III. Länge 6—7 T.

Die schöne ***Denticula elegans*** Ktz. Bac. XVII 5 trat dreimal in der Eisquelle auf, einmal im Siebenseethale, dreimal am südlichen Abhange des polnischen Kammes. In der Eisquelle hat sie 39, an den beiden zuletzt genannten Orten, in einer mittleren Höhe von 5530 Fuss, 40 Querriefen auf $1/100'''$. Länge 6—28 T.

Nitzschia Amphioxys (Ehg.) Sm. Syn. I S. 41 XIII 105 in fast allen von mir untersuchten Gewässern der Tatra, aber vereinzelt. An dem punktirten Rande fehlt stets der mittlere Punkt. Der punktlose Rand ist meistens convex, bisweilen gerade, bisweilen ebenfalls eingezogen, wie ihn auch Ehrenberg gefunden. Vgl. Mik. XXXVIII XV 3.

Die hier folgenden Nitzschien haben sämmtlich als Querschnitt ein Rhomboid und an zwei einander gegenüber stehenden Kanten Körner oder sehr verkürzte Rippen, die somit an den Enden einer Diagonale des Querschnittes liegen. Ein besonderer Kiel existirt nicht. Dagegen haben die Nitzschien ein anderes Merkmal, das zu ihrer Charakterisirung benutzt werden sollte. Die Nebenseite hat wenigstens oft, vielleicht immer, einen Längsstreifen, der bei einigen Arten dem punktirten, bei anderen dem unpunktirten Rande näher liegt. Bei einigen grösseren Formen zeigt er sich deutlich als Längsfalte. Leider ist für kleinere Frusteln sein Ort nur bei der schärfsten Einstellung des Mikroskopes zu bestimmen. Die Hauptseite ist bei den meisten Nitzschien gekrümmt, indem die Contour des einen Längenrandes aus einem langen flachen Wellenberge und zwei an den Enden auftretenden kurzen Wellenthälern besteht. Man könnte sie „wellenförmig" nennen.

Nitz. linearis (Ag.) Sm. Syn. XIII XXXI 110 ist häufig in der Eisquelle. Länge 41—88 T.

Von ***Nitz. sigmoidea*** (Nitzsch) Sm. Syn. XIII 104 zeigte sich in der Eisquelle nur ein 0.076''' langes Exemplar.

Nitz. tenuis Sm. Syn. I S. 40 XIII 111. Nebenseite lanzettförmig mit wenig vortretenden Enden. Der punktirte Rand ist gerader als der

unpunktirte; der mit'lere Punkt fehlt. Die Längslinie liegt dem punktirten Rande doppelt so nahe als dem unpunktirten. Hauptseite leistenförmig mit kaum merklich verschmälerten abgerundeten Enden oder schwach
s-förmig gekrümmt oder mit zwei nach einer Seite hin liegenden
schwachen Ausbiegungen. Nicht selten in der Eisquelle. Fünf Exemplare
gaben 27 Punkte, 59 Querstreifen auf $\frac{1}{100}$'''. Länge 34—71 T.

Nitz. media Hantzsch. Rabenh. Alg. S. 158. Nebenseite leistenförmig mit kurzen keilförmigen, bisweilen etwas vortretenden Spitzen.
Der mittlere Punkt fehlt nicht, woher die mir vorliegende Form nicht
als Varietät der vorigen betrachtet werden kann. Hauptseite schmal,
etwas „wellenförmig". Drei dem Mengsdorfer Thale entnommene Exemplare sind 19—20 T. lang und haben 26 Punkte und 74 Querriefen auf
$\frac{1}{100}$'''. Eine vielleicht hieher gehörige Frustel ist 36 T. lang, hat 22 Punkte
und 75 Querriefen auf $\frac{1}{100}$'''. In einem Spalte der Schale, der wohl der
„Längslinie" entspricht, stecken zwei *navicula*-artige Frusteln. Sie sind
langelliptisch mit etwas erweiterter Mitte; ihre Länge beträgt 4 und 4$\frac{1}{8}$,
ihre Breite 1 und 1$\frac{1}{4}$ T. Beide zeigen eine Mittellinie und einen Centralknoten ; ich zähle bei ihnen durchschnittlich 58 Riefen auf $\frac{1}{100}$'''. Da ich
nicht selten in lebenden Frusteln Nuclei mit Kernkörpern beobachtet
habe, aus denen wohl neue Individuen entstehen, bei einer *Nitschia
sigmoidea* z. B. 5 derselben, so bin ich der Ansicht, dass wir hier eine
derartige Neubildung vor uns haben. Ist diese Ansicht begründet, so ist
diese Neubildung zugleich mit einem Generationswechsel verbunden. Vgl.
Pringsheim „über die Befruchtung und den Generationswechsel der
Algen". (S. Monatsbericht der Berliner Academie, Mai 1856, S. 225.) Ich
sagte oben, dass diese Frustel vielleicht hieher gehöre. Bei verschiedener Beleuchtung scheint mir nämlich der unter dem punktirten oberen
Rande liegende untere Rand, den ich als punktlos gezeichnet habe, ebenfalls Punkte zu tragen. Ob dies Täuschung oder Wirklichkeit sei, kann
ich nicht entscheiden. Im letzteren Falle würde die vorliegende Form,
wie z. B. *Nitz. Amphioxys*, zu den gleichriefigen Nitschien gehören. Die
Naviculae aber können zu *Nav. perpusilla* gezogen werden, die mit ihnen
in Form und Riefenzahl übereinstimmt, auch sonst in der Eisquelle beobachtet worden.

Nitz. communis Rabenh. Alg. S. 159, *Synedra notata* Ktz. S.
Diat. IV 16 a. Nebenseite geztreckt mit wenig convexen Rändern und
etwas abgeschnürten Enden, deren Breite $\frac{1}{5}$ der grössten Breite beträgt.
Die Längslinie liegt näher dem punktirten Rande. In der Eisquelle fand
ich 7 Ex., die 28 Punkte, 80 Querriefen auf $\frac{1}{100}$''' haben. Länge 11—26 T.

Nitz. gracilis Hantzsch. Alg. S. 159. Nebenseite leistenförmig
mit keilförmigen Spitzen, deren Länge $\frac{1}{3}$ der ganzen Länge, deren Endbreite $\frac{1}{4}$ der grössten Breite beträgt. Oft ist eine Spitze verschieft.
H. S. nach den Enden hin sehr wenig sich verschmälernd, etwas wellen-

förmig, nicht selten stark gekrümmt. Oft kommen Täfelchen von 4—10—15 Frusteln vor. Häufig im Bialkathale und in dem grössten der 5 polnischen Seebecken. Aus 8 jenem Orte entnommenen Ex. fand ich als Länge 16—18, als Breite der Neben- und Hauptseite etwa 1 T., ferner 25 Punkte und 75 Querriefen auf $\frac{1}{100}'''$.

Nitz. minutissima Sm. Syn. XIII 107. Die Nebenseite hat etwas convexe Ränder und vortretende Spitzen, deren Endbreite $\frac{1}{5}$ der grössten Breite beträgt. Ausnahmsweise findet sich auch ein Längsrand etwas eingezogen; wahrscheinlich zeigen dies indess nur geglühte Panzer. Smith hätte daher diese Form nicht zeichnen sollen. Die Längslinie ist näher dem punktirten Rande. Die Hauptseite ist nach den Enden hin ein wenig schmäler und etwas wellenförmig. Diese *Nitzschia* ist öfter mit einem Ende angeheftet (Vergl. Grunor Wien 1862 S 555.); oft zeigen sich auch Täfelchen von 3—6—13 Frusteln. Wenn ich die in Preussen gemachten 10 Beobachtungen der Randpunkte mit den 16 Tatra-Beobachtungen combinire; so finde ich für diese Punkte

$$A = 24 + \frac{h}{600} \cdot \frac{5}{9}$$

Wäre diese Formel fester begründet, so hätten wir, da diese *Nitzschia* wohl auch auf anderen Gebirgen häufig sein mag, ein treffliches Mittel, die Höhe eines Ortes mit Hilfe einiger mikroskopischer Beobachtungen zu bestimmen. Die Länge beträgt 8—11 T., die Breite $\frac{1}{5}$ der Länge.

Nitz. thermalis (Ehg.) Auerswald, Wien 1862 S. 348 XII 22 mit merklicher beiderseitiger Einschnürung und vortretenden Spitzen; die Längslinie in der Mitte. In der Eisquelle fand ich ein 14 T. langes Ex. mit 16 augenartigen Punkten und 80 Querriefen auf $\frac{1}{100}'''$. Ein im Mengsdorfer Thale gefundenes Ex. ist 20 T. lang und hat auf $\frac{1}{100}'''$ 18 Punkte.

Nitzschiella acicularis Var. (?) *closterioides* Grunow Wien 1862 S 582 XII 19. Die beiden in der Eisquelle gefundenen Ex. sind 17—18 T. lang und haben 31 Punkte und 90 Querriefen, das aus dem Kohlbachthale stammende nur halb so lange Ex. hat 29 Punkte und etwa 100 Riefen auf $\frac{1}{100}'''$. Die Schnabellänge beträgt $\frac{1}{6}$ bis $\frac{1}{4}$ der ganzen Länge.

Cocconeis Pediculus Ehg. Syn. I S. 21 III 31. Aus 5 Exemplaren, die der Eisquelle entnommen worden, finde ich als Länge 9—19 T., als Riefenzahl 44. In Preussen hat sie die Riefenzahl 37.

Cocc. Placentula Ehg. III 32 lebt in der Eisquelle, am südlichen Abhange des poln. Kammes und im Kohlbachthale. Dort gaben 13 Ex. als Länge 7—35 T., als mittlere Riefenzahl 39; hier zeigte ein 7 T. langes Ex. 44 Querriefen auf $\frac{1}{100}'''$.

Cocc. punctata Ehg. Amer. S. 123 „*C. minor, elliptica,* lineis longitud. punctatis 8 utrinque." Taf. III I Fig. 29. Nebenseite elliptisch, seit-

lich abgeflacht; die Mittellinie, der kleine helle Nabel und die Begleitlinien deutlich; jederseits etwa 8 wellige, der Hauptrichtung nach gerade
Längslinien, die viel kräftiger sind als die Querriefen. Sechs in der Eisquelle gefundene, 7—11 T. lange Ex. hatten 60, ein dem Mengsdorfer
Thale entnommenes 12 T. langes Ex. 49 Querriefen auf $^1/_{100}'''$. Die ameri-
kanische und australische Form lebt also, wenn meine Deutung richtig
ist, auch in Europa.

Cocc. borealis Ehg. Amer. S. 123, Mik. XIV 20 wurde dreimal im
Kohlbachthale gefunden. Nebenseite eine 7—8 T. lange Ellipse, deren
Breite $^1/_3$ bis $^2/_5$ der Länge beträgt. Die am Rande starken Querriefen,
von denen 31 auf $^1/_{100}'''$ gehen, sind gegen das Ende hin merklich geneigt. Ich würde sie für eine *Navicula* halten, hätte ich nicht zweimal
die Hauptseite gesehen.

Achnanthidium microcephalum. Ktz. Bac. S. 57. III 13; Syn.
II S. 31. LXI 380! zeigte sich in zwei Ex. in II und V; beide 6 T. lang,
das letzte mit 65 Querriefen auf $^1/_{100}'''$. Nebenseite ein abgeflachter Meniscus mit stark abgeschnürten Enden, deren Breite $^1/_4$ der grössten
Breite beträgt. Der etwas quadratische Centralknoten, die Mittellinie und
die beiden Begleitlinien ziemlich deutlich. Das Ganze mit einer, bei mehreren Achnanthidien vorkommenden, zarten Hülle umgeben, die auch
Smith zeichnet.

Achn. lineare Sm. Syn. LXI 3811 nicht selten in den unteren
und mittleren Regionen der Tatra. Bauchseite fast leistenförmig, kurz
vor den Enden eingezogen, mit deutlicher Mittellinie, langelliptischem
dunklen Centralknoten und Neigung zur Stauros-Bildung, mit kleinen
deutlichen dunkeln Endknoten. Rückenseite mit Mittellinie ohne Nabel.
Drei in dem grössten der 5 polnischen Seebecken gefundene Ex. gaben
mir a = 68. Länge 5—7 T.

Achn. Flexellum Breb. Syn. III 33, ziemlich häufig, steigt bis
zur vorletzten Station hinauf. Als mittlere Riefenzahl finde ich 58 in
4700′ Höhe aus 19 Ex. In Preussen gaben fossile Ex. a = 56. Die von
Smith gegebene Zahl 72, d. h. für unsere Einheit 64 ist somit für die
Ebene viel zu hoch.

Achn. lanceolatum Breb. Syn. XXXVII 304. Nebenseite rhombisch mit stumpfen Enden, die Mittellinie nur auf der Bauchseite sichtbar
und selten deutlich, mit einseitigem oder beiderseitigem Stauros. In der
Eisquelle schwankt bei 18 Ex. die Länge zwischen 5 und 10 T., die Riefenzahl ist hier 30; in der obersten Station ist sie 40.

Achn. delicatulum. Ktz. Bac. S. 75. III 21. Alg. S. 107. Nebenseite doppelt so lang als breit, meniscusförmig mit vortretenden abgerundeten Enden, deren Breite $^1/_4$ der grössten Breite beträgt. In dem
hellen Längsstreifen ist die Mittellinie selten gut sichtbar. Nabel rundlich
oder in die Quere gezogen. Deutlich die verhältnissmässig grob-punktirten

Querriefen. In der Eisquelle hatten 4 Ex. die Länge 4—4¹/₂ T., die Riefenzahl 35; eine in VII gefundene Frustel von 6¹/₄ T. Länge hatte 32 Querriefen auf ¹/₁₀₀'''.

Achn. obtusum. m. Nebenseite etwa 5mal so lang als breit, langrhombisch, fast leistenförmig mit stumpfen Enden, deren Breite ²/₃ der grössten Breite beträgt, mit etwas erweiterter Mitte. Die Mittellinie ist schwach, die beiden Begleitlinien, die am Stauros deutlich umbiegen, stark. Der Stauros je nach der Stellung des Mikroskopes durchgehend oder auf einen kleinen Kreis beschränkt. Die merklich geneigten Querriefen nur am Rande und an den Begleitlinien stark. Ich fand dieses schöne Gebilde, das wohl schon beschrieben sein mag, 7mal in der Eisquelle mit a = 55, einmal im Siebenseethale mit a = 49. Länge 8—15 T.

Achn. Lyra m. Nebenseite 3 bis 4mal so lang als breit, mit erweiterter Mitte und runden Enden. Die Mittellinie am Stauros stark, nach den Enden hin schwächer werdend; die beiden Begleitlinien nach dem Stauros hin divergirend; der Stauros kurz, an den Seiten stark begrenzt; nahe am Rande ein lyraförmiger Streifen.

$$\text{In I} \quad \text{aus 1 Ex. a} = 44.$$
$$\text{„ V} \quad \text{„ 2 „} \quad 49.$$
$$\text{„ IX} \quad \text{„ 1 „} \quad 55. \ \text{Länge 5—9 T.}$$

Achn. contractum m. Nebenseite 4mal so lang als breit, mit merklicher Einschnürung der Mitte, mit vortretenden stark abgeschnürten stumpfen Enden, deren Breite ²/₃ der grössten Breite beträgt. Die Mittellinie gerade, stark; die Begleitlinien nach der Mitte hin divergirend. Der durchgehende ziemlich breite Stauros durch schwache Randriefen zum Theil verdeckt. In den runden Endknoten endet die Mittellinie mit einem deutlichen Punkte. Jederseits zwei Längsstreifen. Es wurde nur 1 Ex. in der Eisquelle gefunden. Länge 9 T., a = 47. Am Ende stehen die Riefen viel dichter als in der Mitte. Aehnlich aber wohl nicht = *A. coarctatum* Breb. Syn. II S. 31. LXI. 379.

Achn. undulatum. m. Nebenseite 4mal so lang als breit, mit 3 Erweiterungen, von denen die mittlere die breiteste ist, mit kleinen kopfförmigen Enden; das Ganze mit einer klaren Hülle umgeben. Mittellinie, länglicher Nabel und kleine Endknoten deutlich. Die merklich geneigten Querriefen springen leicht in die doppelte Zahl über und diese feinen Streifen sind oft leichter zu sehen als die groben. Zwei Ex. aus II, eines aus IV, zwei aus V. fünf aus VI und zwei aus IX führen für die groben Riefen auf die Formel

$$a = 18 + \frac{h}{600} \cdot \frac{3}{2}$$

wonach das *Achn.* bei Königsberg etwa 23 grobe, 46 feine Riefen haben müsste. Länge 5—11 T.

Achnanthes subsessilis Ktz. Bac. S. 76 XX 4 Syn. II S. 28

XXXVII 302 wurde nur dreimal gefunden. Ein dem Mengsdorfer Thale entnommenes 15 T. langes Ex. zeigte auf $1/100'''$ 34 matte Querstreifen auf der Schale, 64 auf dem Kieselbande.

Achn. exilis Ktz. Syn. XXXVII 303, langbäuchig mit eingezogenen Enden, $4^1/_2$—8 T. lang. Sie fehlt nur in II und in den beiden oberen Stationen. Bei 5 der Eisquelle zugehörigen Ex. fand ich durchschnittlich 70 zarte Querstreifen auf $1/100'''$, fünf andere Ex. gaben a = 66 in 5000 Fuss Höhe. Wir sehen hier wieder, dass die 3000' über dem Meere stehende Eisquelle ihrer niederen Temperatur wegen eine viel höhere Riefenzahl in ihren Diatomeen hervorruft als die ist, die dieser Höhe entspricht. Sie kann deshalb zur Bildung von Riefenformeln nicht benutzt werden.

Achn. elliptica m. 4–10 T. lang. Nebenseite elliptisch, öfter mit etwas zusammengedrückten Enden, so dass die Form ein wenig ins Rhombische übergeht, beide Seiten mit einem hellen riefenfreien Längsstreifen, die Bauchseite mit einem einseitigen oder beiderseitigen Stauros. Die steilen Querriefen sehr matt und leicht in die doppelte Zahl überspringend, wodurch ihre Bestimmung sehr erschwert wird. Die Breite der Nebenseite etwa $2/_5$, die der gebrochenen Hauptseite kaum $1/_5$ der Länge. Die Zahl der groben Riefen beträgt in den unteren, mittleren und oberen Stationen etwa 35, 38 und 41 auf $1/100'''$. Bei geeigneter Spiegelstellung sieht man auf jeder Seite des Längsstreifens drei Längslinien, die am Stauros stark absetzen. Ich würde diese in allen Stationen und meistens sehr zahlreich auftretende Form zu *Achn. parvula* Ktz. Bac. S. 76 XXI 5 ziehen, wenn Kützing nicht die Hauptseite besonders breit gezeichnet hätte.

Achn. minutissima Ktz. Bac. S. 75 XIV 21 (2) nach Kützing 4–5, nach meinen Beobachtungen 3—6 T. lang. Nebenseite elliptisch, etwas bauchig, mit gerundeten Enden, etwa 3mal so lang als breit; H. S. etwas „wellenförmig". Drei in der Eisquelle gefundene Ex. gaben mir als Riefenzahl 44.

Rhoicosphenia curvata (Ktz.) Grunow. Syn. I S. 81 XXIX 245 zeigte sich nur in der Eisquelle mit a = 32. Länge 6–15 T.

Cymbella naviculiformis Auersw. Consp. crit. II S. 108 I 3; Syn. I S. 18 II 22 a als *Cymb. cuspidata* Ktz. aufgeführt. Die von mir in verschiedenen Gewässern der Tatra gefundene Form stimmt mit den Abbildungen, die Heiberg von *Cymb. naviculiformis* gibt. Was die Zahl der Querstreifen betrifft, so findet Heiberg für die eine Seite 34, für die andere 42, durchschnittlich also 38 auf $1/40^{mm}$. Da diese Länge etwa $1/90'''$ Par. ist, so findet er für unsere Einheit a = 34, eine Zahl, die nach der von mir abgeleiteten Riefenformel der Höhe 6000' entspricht. Länge 11—16 T.

Cymb. gracilis (Ehg.) Rabh. Amer. IV II 10; S. Diat. VII 12 kommt sehr häufig im Mengsdorfer Thale vor, während sie in grösseren Höhen selten ist. Ich finde

in IV aus 16 Ex. a = 25

$$\frac{h}{600} = 9\cdot73 \text{ „ } 6 \text{ „ } a = 30. \text{ Länge } 11-16 \text{ T.}$$

Cymb. Scotica Sm. Syn. I S. 18 II 25. Bei ihr sind die Spitzen ein wenig nach der concaven Bauchseite hinübergebogen, was Smith übersehen hat. Sie ist der vorigen ähnlich, aber viel schlanker und hat dichtere Querstreifen. Ich fand aus 6 Ex. als Riefenzahl 33 in 4200 Fuss Höhe, in der die vorige kaum 20 hat. Smith gibt bei *Cymb. Scotica* für die Ebene als Riefenzahl 32, d. h. für unsere Einheit 28½, was mit meinen Beobachtungen in gutem Einklange steht. Auf S. 84 des zweiten Bandes sagt er indess, dass 42 statt 32 zu setzen sei. Hier hat er sich also wohl geirrt. Länge 9—16 T.

Cymb. gastroides Ktz. Bac. S. 79 VI 4 b. Sie kommt selten in der Eisquelle vor, wo sie 19—20 weiche Querstreifen auf $\frac{1}{100}$ hat. Länge 30—52 T.

Von *Cymb. truncata* Rabh. S. Diat. VII 3 fand ich ein Ex. in der Eisquelle mit 19, ein anderes im Bialkathale mit 23 grobpunktirten Querstreifen auf $\frac{1}{100}$'''. Länge 16—52 T.

Cymb. obtusiuscula Ktz. Bac. III 68 hat in II 28, in IX 32 Querstreifen auf $\frac{1}{100}$'''. Länge 9—12 T.

Cymb. affinis Ktz. Bac. S. 80 VI 15; Syn. XXX 250 zeigte sich nur im Kohlbachthale. Fünf Ex. gaben mir a = 36⅔. Länge 10—15 T. In Preussen hat sie a = 24.

Cymb. leptoceros (Ehg.) Amer. I II 30, II I 36 fand ich zweimal in der Eisquelle mit 24, dreimal im Kohlbachthale mit 33 Querstreifen auf $\frac{1}{100}$'''. Länge 9—14 T.

Cymb. Fusidium (Ehg.) Amer. II I 35; Mik. XXXIX II 14, wohl eine selbstständige Form. Ich finde

in III aus 9 Ex. a = 38

IV „ 5 „ 38⅖

IX „ 3 „ 44

$$a = 32 + \frac{h}{600}. \text{ }^{9}/_{10}. \text{ für Königsberg also } a = 34\cdot8.$$

Nach Aufstellung dieser Formel fand ich bei Königsberg 3 Ex., die mir a = 34⅓ gaben.

Cymb. Pediculus (Ehg.) Ktz. Bac V 8 (1) hat in der Eisquelle und im Kohlbachthale a = 40, im Mengsdorfer Thale a = 36. Länge 3½—6½ T.

Cocconema asperum Ehg. Mik. XIV 81, ein Prachtgebilde, das von Ehrenberg im Berliner Lager und in Island, von mir im Königsberger Lager und in offenen Süsswassern lebend gefunden, lebt auch nicht selten in der Eisquelle der Tatra; 5 Ex. gaben als Riefenzahl 19. Die groben Körner der Querriefen formiren Längslinien, von denen etwa 25 auf $^1/_{100}'''$ gehen. Länge 52—60 T. In Preussen ist die mittlere Riefenzahl 16, die Länge 70—132 T.

Cocc. cymbiforme (Ktz.) Ehg. Bac. VI 12; Syn. XXIII 220, häufig in II, kommt auch in der Eisquelle und in den obersten Stationen vor. Länge 12—30 T.

Cocc. Cistula Hempr. Syn. XXIII XXIV 221, nur in der Eisquelle und in den beiden folgenden Stationen. Dort hat sie $23^1/_2$, hier 29 Querstreifen auf $^1/_{100}'''$. Länge 13—43 T.

Cocc. Lunula Ehg. Amer. III 1 37, Mik. XXXIX II 13 zeigte sich häufig in IV, VII und IX. Länge 5—14 T.

Cocc. parvum. Sm. Syn. I S. 76 XXIII XXIV 222. Ein $6^1/_2$ T. langes Ex., das ich im Mengsdorfer Thale fand, gehört wohl hieher, obwohl es etwas stumpfer ist als die Form, die Smith gezeichnet. Ich fand 30 (60) Querriefen auf $^1/_{100}'''$.

Encyonema caespitosum Ktz. Spec. Alg; Syn. II S. 68 IV 346 und *Enc. prostratum* (Berk.) Ralfs Syn. LIV 345 sind in den meisten von mir untersuchten Gewässern der Tatra häufig; jenes 7—14, dieses 13—20 T. lang.

Enc. Gerstenbergeri Grunow. Beitr. 1865. S. 9 I II, durch die sehr kurze Mittellinie charakterisirt, zeigte sich nur je einmal in der Eisquelle und in den Stationen II und IV. Das erste Ex. hatte 32, die beiden letzten durchschnittlich 30 Querriefen auf $^1/_{100}'''$. Länge 14—17 T.

Amphora gracilis Ehg. Amer. III I 43 ist häufig in der Eisquelle und steigt bis ins Mengsdorfer Thal hinauf. In der Eisquelle hatten 10 Ex. 31, in II 4 Ex. 27, in IV 1 Ex. 30 Querriefen auf $^1/_{100}'''$. Länge 10—18 T.

Amph. borealis Ktz. Bac. S. 108 III 18 hat in der Eisquelle 36, in dem Mengsdorfer Thale 33 Querriefen auf $^1/_{100}'''$. Länge $5—7^1/_2$ T.

Amph. minutissima Sm. Syn. II 30 wurde nur zweimal in der Eisquelle gefunden. Riefenzahl 53, Länge $5—5^1/_2$ T.

Ceratoneis Arcus Ktz. Bac. S. 104 VI 10, *Eunotia Arcus* Sm. Syn. I S. 15. II 15 selten in II und IX, häufig in III und IV. Bisweilen ist der in der Mitte des Bauchrandes befindliche Buckel sehr klein, oder er fehlt wohl auch ganz. Die unterbrochenen Längslinien, die in der Mitte in je zwei Knoten enden, gehören, wie bei allen *Ceratoneis*-Arten, der Schale an, sind aber dem Kieselbande sehr nahe. Länge 15—35 T.

Cer. Amphioxys Rabenh. S. Diat. IX 4, ein seltsames Gebilde, das sich zweimal im Bialkathale zeigte. Riefenzahl 53. Länge 11—12 T.

Cer. lunaris (Ehg.) Grunow. Syn. XI 82 lebt zahlreich namentlich im Mengsdorfer und Kohlbachthale. Die Nebenseite ist kreisförmig gekrümmt, mit etwas zurückgebogenen Enden, allmälig sich verschmälerud, so dass die Endbreite $\frac{2}{3}$ der grössten Breite beträgt. Die Haupt-seite wird ebenfalls nach den Enden hin etwas schmäler. Die auf der Bauchseite hervortretenden 4 Knoten sind oft sehr kräftig, bisweilen aber auch schwach ausgebildet. Einmal sah ich 4 Frusteln vereinigt. Länge 10—39 T.

Als Varietät *Cer. cuspidata* m. trenne ich eine Form mit zugespitzten Enden ab, die ich in II, IV, V und IX im Ganzen 10mal gesehen. Die Riefenzahl stimmt mit der der Hauptform überein.

Cer. alpina (Naegeli) Grunow. Beitr. S. 7 I 9 schlanker und feiner gereift als *Cer. lunaris*, der sie sonst gleicht. Im Mengsdorfer Thale zeigte mir 1 Ex. a = 34, im Kohlbachthale zeigten 6 Ex. a = 42. Länge 11—32 T.

Cer. depressa m. unterscheidet sich von *C. lunaris* durch den abgeflachten Rückenrand, durch die breiteren Enden und durch die grössere Dichtigkeit der Querriefen. Ein Ex. in II zeigte a = 36, drei Ex. in IX a = 50. Länge 15—36 T., Breite der Nebenseite 1—2 T., durchschnittlich $\frac{1}{18}$ der Länge.

Von *Sphenella glacialis* Ktz. Bac. III 16 gaben zwei im Mengs-dorfer Thale gefundene Ex. a = 37. Länge 8 T.

Von *Sph. vulgaris* Ktz. Bac. VII 12 gaben 7 Ex. des Kohlbach-thales a = 29. Länge 6—10 T.

Sph. angustata Ktz. Bac. VIII 4, das in Preussen a = 20 hat, zeigt in VII a = 25. Oefter sind 5 oder 6 Frusteln vereinigt. Länge 14 T. Bei *Gomphonema Augur*. Ehg. Mik. IX I 40 (Frankreich), XXXVIII A XVII 20 (Island) ist das untere Ende stumpf, bei *G. cristatum* spitz. Jenes hat in Preussen 21, in der Eisquelle 30, im Kohlbachthale 34 Quer-riefen auf $\frac{1}{100}$'''. Länge 5—13 T.

Für *Gomph. gracile* Ehg. Amer. I II 27, II I 39, III I 30 finde ich

$$\text{bei Königsberg} \qquad a = 20$$
$$\text{in } \frac{h}{600} = 8{\cdot}36 \text{ aus } 4 \text{ Ex.} \qquad 27\frac{1}{2}$$
$$\text{IX} \qquad \text{„ } 8 \text{ „} \qquad 31$$
$$a = 16 + \frac{h}{600} \cdot \frac{1}{5}$$

Oefter zeigt es sich mit einem einseitigen oder beiderseitigen Pseu-dostauros, den ich auch bei lebenden und fossilen Exemplaren preussischer Lager gefunden habe. Länge 9—17 T. Ich habe dieses in Bezug auf Ge-stalt scharf ausgeprägte *Gomphonema* nicht zu dem variablen *G. dichoto-mum* Ktz. gezogen, da beide (auch nach Kützing, s. Bac. S. 86) nicht zusammenfallen. Abgesehen von der Gestalt hat das letzte nach Smith — der, wie es scheint, noch eine fremde Form hineinzieht — in der Ebene über 30 Querriefen auf $^1/_{100}'''$. Dazu kommt noch, dass der Name keine Special-Eigenschaft, sondern eine dem ganzen Genus zukommende ausspricht. *Gomph. intricatum* Ktz. Syn. XXIX 241 trat nur einmal im Kohlbachthale auf. Das Exemplar ist 18 T. lang und hat 28 starke Riefen auf $^1/_{100}'''$.

Für *Gomph. claratum* Ehg. Amer. II VI 32; Mik. I I 8, IV I 36, X I 20 finde ich

bei Königsberg $\qquad a = 19^1/_2$

in $\dfrac{h}{600} = 7{\cdot}67$ aus 6 Ex. $\qquad$ 27

IX $\qquad$ „ 3 „ $\qquad$ 30

$a = 14^2/_3 + \dfrac{h}{600} \cdot {}^3/_2 \qquad$ Länge 8—15 T.

Gomph. Lagenula Ktz. Bac. XXX 60; S. Diat. VIII 241 kommt in 5 meiner Stationen, aber sehr selten vor. Aus 6 Ex. finde ich als Riefenzahl 28 in 5160 Fuss Höhe. Länge 12—16 T.

Auch *Gomph. longiceps* Ehg. Mik. XI 17 trat nur selten auf. Es zeigte in der Eisquelle 26, in 4900 Fuss Höhe 22 Querriefen auf $^1/_{100}'''$. Bei zwei Ex. fand ich einen einseitigen Pseudostauros. Länge 11—33 T.

Gomph. americanum Ehg. Mik. III III 16; Königsb. 1864 II 18. In Preussen habe ich es fossil und lebend angetroffen; auf der Tatra kommt es sehr vereinzelt vor. Aus 5 Ex. finde ich als Riefenzahl 24 in 5500 Fuss Höhe. Länge 17—19 T.

Gomph. Turris Ehg. Mik. II I 42 (S. Amer.), XIV 71 (Berliner Lager) lebt auch im Königsberger Lager und in den offenen Süsswassern Preussens. Es zeigte sich einmal im Mengsdorfer Thale. Das Exemplar ist 16 T. lang und hat auf $^1/_{100}'''$ 33 steile, nur am Nabel etwas strahlige Querriefen.

Von *Gomph. acuminatum* Ehg. Mik. XVI II 43; Syn. XXVII 238 habe ich die gewöhnliche spitze Form nur dreimal im Bialkathale gesehen. Dagegen ist eine stumpfe, öfter bis zur Keulenform abgerundete Varietät, für die ich den Namen *G. montanum* vorschlage, namentlich in II und IV häufig; sie kommt vereinzelt auch im Kohlbachthale vor. Die Querriefen der Schale sind, wie bei der Hauptform, canalartig. Bei zwei Ex. mit 25 Canälen zeigte das Kieselband 62 feine Querstreifen auf $^1/_{100}'''$. Länge 13—30 T.

Von *Gomph. capitatum* Ehg. Syn. I S. 80 XXVIII 237 a′ wurde ein überaus kleines, nur $4^1/_2$ T. langes Exemplar in VIII gefunden, das die Riefenzahl 27 hat.

Die Varietät (?) *Gomph. italicum* Ktz. Bac. XXX 75 ist nicht selten in der Eisquelle, mit einem einseitigen oder beiderseitigen Pseudostauros. Fünf Ex. gaben mir a = 26. Länge 8—10 T.

Gomph. Vibrio Ehg. Amer. II I 40; Königsb. 1862 S. 187 IX

31 wurde je einmal in II, III und IX gefunden. In Preussen und nach der Synopsis hat es 19½, in II und III 29½, in IX 40 Querriefen auf ¹/₁₀₀'''. Auch hier zeigte sich, dass die eine Nebenseite convexer ist als die andere. Länge 20—27 T.

Navicula rhynchocephala Ktz. Bac. XXX 35; Syn. XVI 132 trat zweimal in der Eisquelle, einmal im Kohlbachthale auf. Dort zeigte sie 36, hier nur 34 punktirte Querriefen auf ¹/₁₀₀'''. Länge 9—15 T.

Nav. angustata Sm. Syn. I S. 52 XVII 156. Sie hat in Preussen 40, in meiner obersten Station, wo ich 2 Ex. fand, 68 Querriefen auf ¹/₁₀₀'''. Dieselben gehen in nahe gleicher Neigung und zunehmender Dichte von der Mitte nach den Enden hin. Die Mittellinie, der längliche Centralknoten und die Begleitlinien deutlich. So nenne ich die beiden bei vielen Naviculaceen kräftig auftretenden, die Mittellinie begleitenden Linien, die von den inneren Endpunkten der Querriefen gebildet werden. Ich habe diese *Navicula* in der von Smith gegebenen sechseckigen Form in mehreren preussischen Mergellagern und in offenen Wassern gefunden. In der Tatra ist sie mehr abgerundet. Länge 15—18 T.

Nav. cryptocephala Ktz. Bac. III 20; S. Diat. VI 71 fl zeigte sich in der von Rabenhorst gezeichneten Form sehr häufig, aber nur in der obersten meiner Stationen, wo mir 24 Ex. die Riefenzahl 50 gaben, während sie in Preussen 42 beträgt. Länge 7—10 T.

Nav. Heufleri Grunow Wien 1860 S. 528 I 32. Fünf Ex. hatten in 5470 Fuss Höhe auf ¹/₁₀₀ einer Linie 23 grobe Querriefen, eins derselben zeigte noch 77 feine Querriefen, die auf der Schale nach der Mittellinie hin fortlaufen. Bei zweien fehlten zum Theil die mittleren groben Riefen. Länge 9—13 T.

Nav. viridula Ktz. Bac. XXX 47; Syn. XVIII 175! sehr häufig in der Eisquelle, einmal im Kohlbachthale; dort mit 30, hier mit 33 Querriefen auf ¹/₁₀₀'''. Länge 9—13—16 T.

Nav. Carassius Ehg. Amer. II II 11; Wien 1860 S. 537 II 11 zweimal im Kohlbachthale mit der Riefenzahl 54. Länge 8—10 T.

Nav. anglica Ralfs, *Nav. tumida* Sm. Syn. I S. 53 XVII 146, Wien 1860 S. 527 II 44, 43 b. kommt in beiden von Grunow unterschiedenen Varietäten häufig in der Eisquelle, einzeln auch in VII vor. Dort gaben 11 Ex. die Riefenzahl 28. Länge 7–12 T.

Nav. Semen Ktz. Bac. XXVIII 49; Syn. I S. 50 XVI 141 zeigte sich zweimal in dem grössten der 5 polnischen Seebecken mit der Riefenzahl 31. Länge 8—9 T.

Nav. rhomboides Ehg. Amer. III I 15 (nach der Zeichnung 0·017''' lang); Syn I S 46 XVI 129 (nach Smith 0·025—0·042''' Par. lang). Drei im Mengsdorfer Thale gefundene Frusteln mit 78 Querriefen auf ¹/₁₀₀''' scheinen zur Ehrenberg'schen Form zu gehören, obwohl sie nur 8—9 T. lang sind.

Nav. lanceolata Ktz. Bac. XXX 481 nur in der Eisquelle, mit der Riefenzahl 38. Länge 9—10 T.

Nav. Amphioxys (Ehg.), *Pinn. Amphioxys* Ehg. Mik. II II 17, V I 20, XV A 18 mit steilen Riefen, Mik. IX I 18, XI 25, XIV 19 mit Riefen, die in der Mitte etwas strahlig sind. Beide Formen sind in.der Tatra vertreten. Die Breite des gestutzten Endes beträgt ⅓ bis ⅖ der grössten Breite.

Die Hauptseite ist schmal, ihre grösste Breite etwa ¹/₁₀ der Länge, sie wird nach den Enden hin noch etwas schmäler. Zwei aus II und III entnommene Frusteln gaben a = 28, drei im Mengsdorfer Thale gefundene a = 31. Länge 16—21 T.

Für *Nav. appendiculata* Ktz. Bac. S. 93 III 28, V 5 finde ich aus 9 Ex. in 4680 Fuss Höhe a = 43, während eben so viele Ex. der Form, die von Grunow unter dem Namen *lanceolata* als Varietät angefügt ist (Wien 1860 S. 552 II 29 a, b.) in 4800 Fuss Höhe a = 50 gaben. Da sie auch in der Gestalt wenig übereinstimmen, so wird wohl die letztere mit jener verwandtschaftlich nicht zusammenhängen. Länge der ersten Form 9—12, Länge der zweiten 10—16 T.

Nav. gracilis Ehg. Bac. III 48, XXX 75; Wien 1860 S. 526 II 27; Königsb. 1862 VIII 42. Drei Ex. der Eisquelle führten auf a = 34; ein Ex. des Mengsdorfer Thales hatte a = 36. Länge 10—15 T.

Nav. radiosa Ktz. Bac. S. 91 IV 23; Syn. XVIII 173 zeigte sich einmal in der Eisquelle, zweimal in II. Jene hat 22 Canäle und 68 feine bis an den Spalt gehende Querriefen, diese haben 23 Canäle auf ¹/₁₀₀'''. Eins der letzteren Exemplare hat einen durchgehenden Pseudostauros. Länge 13—22 T.

Nav. mutica Ktz. Bac. S. 93 III 32, letztes Bild; Rabenh. Alg. S. 185. Zwei der Eisquelle entnommene Ex. haben 39, zwei in VI und VIII gefundene 44 weiche Querriefen auf ¹/₁₀₀'''. Länge 6—8 T.

Nav. cocconeiformis Greg. Alg. S. 196; Wien 1860 S. 550 II 9; Syn. II S. 92 hat in Preussen und nach Rabenhorst 45, nach Grunow 47, nach Smith 48 Querriefen auf ¹/₁₀₀'''. Zwei im Siebenseethale gefundene Ex. zeigten die Riefenzahl 57. Länge 7—8 T.

Nav. elliptica Ktz. Bac. S. 98 XXX 55; Syn XVII 153 hat in der Ebene nach Smith 18⅔, nach Rabenhorst 22½, nach meinen in Preussen gemachten Beobachtungen 25; in der Eisquelle der Tatra, wo sie sehr häufig ist, 30, in den Stationen VII und IX, wo sie nur spärlich auftritt, 40 Querriefen auf ¹/₁₀₀''' Einmal sah ich auch in der der Eisquelle entnommenen Probe die fast kreisrunde Varietät *N. cocconeides* Rabh. S. Diat. VI 18. Mittlere Länge etwa 10 T.; doch sinkt sie bis auf 4 und steigt bis 21 auf.

Nav. Parmula Breb. Alg. S. 180 verhält sich zu *N. elliptica* etwa wie *N. borealis* zu *lata*. Sie ist nicht selten in Preussen, mit a = 49,

kommt öfter in der Eisquelle vor, wo sie 59 weiche Riefen auf $\frac{1}{100}'''$
zeigt, auch in den Stationen IV, VII und IX, wo ihre Riefenzahl in 6160
Fuss Höhe 68 beträgt. Ihre Länge schwankt zwischen 2½ und 7½ T.

Nav. Coccus m. Königsb. 1862 S. 188 IX 46; 1864 S 20 hat in
Preussen 20½, in der Eisquelle 37, im Kohlbachthale, wo ich sie indess
nur einmal gefunden. 40 Querriefen auf $\frac{1}{100}'''$. Länge 4—10 T.

Nav. oblongella (Naegeli?) Grunow Wien 1860 S. 551 II 4;
Alg. S. 185. Vier Ex. gaben in 5470 Fuss Höhe a = 46. Länge 6—9 T.

Nav. Atomus Grunow Wien 1860 S. 552 II 6 zeigte sich einmal
in der Eisquelle, zweimal im Kohlbachthale. Bei jenem Ex. zählte ich 90,
bei einem dieser Exemplare 83? Querriefen auf $\frac{1}{100}'''$. Länge 4—5 T.

Nav. Scutum Schum. Königsb. 1862 S. 188 IX 45. Zwei in der
Eisquelle gefundene Ex. gaben a = 52. Länge 5—6 T.

Nav. dubia Ehg. Amer. II II 8; Mik. XXXIX II 82 und
Nav. affinis Ehg. Amer. II II 7, IV 4; III III 8; IV II 6, V 10
leben beide in den Gewässern der Tatra, sind aber schwer von einander
zu sondern.

Nav. gracillima Pritch. Alg. 199 kommt mit den Varietäten *N.*
subcapitata und *linearis* ziemlich häufig in mehreren Gewässern der Tatra
vor. Länge 9—15 T.

Für die Hauptform und diese Varietäten, die in Bezug auf ihre
Riefenzahl von der Hauptform nicht abzuweichen scheinen, finde ich

$$\text{in } \frac{h}{600} = 7\text{·}93 \text{ aus } 12 \text{ Ex. a} = 31\frac{2}{3}$$

$$\text{IX} \quad \text{„ } 18 \text{ „} \quad 34$$

$$a = 26 + \frac{h}{600}\cdot\frac{3}{4} \text{ also für Königsberg } a = 28\frac{4}{9}.$$

Die beiden nachträglich hier gefundenen Ex. zeigten 28 und 29.

Die schöne *Nav. divergens* (Sm.) Syn. S. 57 XVIII 177 habe ich
auf der Tatra 10mal gefunden. In der Ebene hat sie 10 bis 15 canalartige
Riefen auf $\frac{1}{100}'''$; in II und IV der Tatra als mittlere Riefenzahl 16⅓;
in VIII und IX 20½. Auch hat sie ausserdem noch ein System feiner
Querriefen auf der Schale und auf dem Kieselbande, für welche $\alpha = \frac{7}{8}$ a.
Auf der Hauptseite sieht man deutlich die Grenzen des Kieselbandes, auf
welchem sich zwei einander nahe Längslinien befinden, deren Enden
weit von den Enden der Frustel abstehen. Länge 20—57 T.

Nav. nobilis (Ehg.) Syn. XVII 161 ist haufig in II und IV;
Nav. major Ktz. Syn. XVIII 162 an denselben Orten, bisweilen
auch im Siebenseethale. Bei jener besteht jeder Canal aus 3 Theilen, von
denen der mittlere, wenn das Mikroskop nicht scharf eingestellt ist, ein
wenig seitlich verschoben erscheint. Diese Organisation der Canäle und
ihr Glanz macht die ganze Erscheinung zu einer prächtigen. Bei *N. major*

haben die Seitenwände jedes Canales schwache Wellen, durch die indess nur selten einzelne Stücke gesondert erscheinen; auch ist diese *Navicula* weniger glänzend als jene. Bei beiden sind ausserdem die Canäle durch feine Strichelchen in viele Abtheilungen getheilt, durch welche Längsreihen gebildet werden, die bei *N. nobilis* undeutlich, bei *N. major* sehr deutlich sind, da bei ihr die Strichelchen auch zwischen den Canälen fortlaufen. Bei beiden Arten ist die Zahl dieser Längslinien verschieden. Bezeichnet man mit a die Zahl der Canäle, mit b die der Längslinien, so ist bei *N. nobilis* b $= 3$ a, bei *N. major* b $= 2$ a. Bei beiden endlich wird die Schale und das Kieselband von feinen Querriefen (Punktreihen) durchzogen. Bezeichnet man ihre Zahl mit α, so ist bei *N. nobilis* $\alpha = 4$ a, bei *N. major* $\alpha = \frac{5}{2}$ a. Wenn also beide Arten 12 Canäle auf $\frac{1}{100}'''$ haben, so ist durchschnittlich

bei *N. nobilis* b $= 36$ $\alpha = 48$

bei *N. major* b $= 24$ $\alpha = 30$. In der Tatra ist die Länge von *N. nobilis* 40—91, von *N. major* 45—84 T.

Nav. viridis Ehg. Syn.

XVIII 163 ist in den Gewässern der Tatra selten und steigt wohl nicht über 5400 Fuss hinauf. Sie hat

bei Königsberg a $= 14\frac{1}{2}$ ber. $14\frac{1}{2}$

in $\dfrac{h}{600} = 7{\cdot}07$ aus 5 Ex. $\quad 17\frac{3}{5} \quad\quad 18\frac{1}{2}$

VI $\quad\quad\quad$ " 5 " $\quad\quad 21\frac{1}{3} \quad\quad 21\frac{2}{5}$

$$a = 11\frac{2}{5} + \frac{h}{600} \cdot 1$$

Sie scheint auf der Tatra durch die ihr in manchen Formen sehr ähnliche *N. oblonga* ersetzt, vielleicht verdrängt zu sein, von der sie sich nach meinen Beobachtungen durch folgende Merkmale unterscheidet. Die mittlere Form von *N. viridis* ist die Ellipse, die der *N. oblonga* die Leistenform, die aber öfter ins Rhombische übergeht. Bei jener ist der von Canälen nicht bedeckte auf beiden Seiten der Mittellinie sich fortziehende Streifen breit, bei dieser schmal. Bei jener sind die Canäle glänzend, bei dieser matt. Bei beiden neigen sich die Canäle in der Nähe der Mitte nach den Centralknoten, in der Nähe der Enden nach den Endknoten; doch ändert *N. viridis* die Richtung ganz allmälig, während bei *N. oblonga* die Canäle im grössten Theile der Frustel einander parallel bleiben. Bei *N. oblonga*, namentlich bei der Var. *lanceolata*, enden die Canäle nahe an der Mittellinie mit einem starken Punkte, so dass deutliche Begleitlinien entstehen; bei *N. viridis* formiren sich solche Begleitlinien nicht. Bei der letzteren zeigen die Canäle, wie bei *N. nobilis* und *major*, feine Strichelchen, deren Zahl ich indess nicht bestimmt habe. Ausserdem ist die Schale und das Kieselband von feinen Querriefen durchzogen. Ein Ex. hatte 20 Canäle und 55 dieser Punktreihen, ein anderes 23 Canäle und 66 Punktreihen auf $^1/_{100}'''$. Ein im Mengsdorfer Thale gefundenes Ex. zeigte einen schön ausgebildeten Pseudostauros. Länge 24—66 T.

Nav. oblonga Ktz. variirt stärker als irgend eine andere *Navicula*, wenn man *Pinnularia mavilenta* Ehg. mit in diesen Kreis zieht. Es gehören dann folgende Typen zu ihr:

1. *Pinn. macilenta* Ehg. Amer. II I 23, II IV 2; Mik. I II 7, I III 13; IV III 10; XVI I 9, alle diese leistenförmig mit steilen Riefen; Mik. II III 3 nach den Enden hin allmälig sich verschmälernd.

2. *Nav. oblonga* Ktz. Bac. IV 2; *Pinn. oblonga* Sm. Syn. XVIII 165; *Pinn. viridula* Ehg. Mik. VI I 8, XIII I 7, XIV 3, XXXVII I 21, XXXVIII A 1 A 1.

3. *Nav. oblonga* Var. *lanceolata* Grunow Wien 1860 S 523 II 25; *Pinn. viridula* Ehg. Mik. VIII I 20, XVIII 66 b, XXXVIII XIV 7. Eine Frustel, die ich hieher ziehe, ist fast meniscusförmig.

4. *Nav. oblonga* Var. *acuminata* Grunow Wien II 24.

Alle diese Formen kommen in den Gewässern der Tatra überaus häufig vor; die erste und vierte nicht selten mit ausgebildetem Pseudostauros. Sie scheinen in einander überzugehen, ebenso 2 und 3. Die erste Form ist oft sehr gestreckt, 8 bis 9mal so lang als breit. Die Canäle haben, wie bei den vorhergenannten Arten, feine Striche, durch welche Längsstreifen formirt werden. Auch wird hier die ganze Frustel von feinen Querstreifen durchzogen. Für beide Riefensysteme finde ich die noch wenig begründeten Formeln b $=$ 2 a, $\alpha =$ 3 a. Länge 14—40 T. — Wenn man nur diejenigen Frusteln heraushebt, die zweifellos diesen 4 einzelnen Typen angehören, und ihre mittleren Riefenzahlen bestimmt; so zeigen sich sowohl für die Ebene (s. die Schriften der phys.-ökonom. Gesellschaft zu Königsberg. Jahrgang 1867) als auch für die Höhe merklich verschiedene Werthe. Dieser Umstand weist darauf hin, dass es sachgemässer wäre, diese 4 Typen trotz der scheinbaren oder wirklichen Uebergänge als besondere Species zu betrachten. — Für *Pinn. viridula* Ehg. finde ich bei Königsberg a $=$ 13$^3/_4$, in meiner höchsten Station aus 30 Ex. a $=$ 33.

Nav. alternans m. Nebenseite langelliptisch mit gerundeten oder etwas keilförmigen Enden, mit stark gekörnten Canälen, die auf verschiedenen Seiten der Längslinie verschieden lang sind. Auf der einen Seite gehen sie scheinbar bis zur Mittellinie, die nur in der Nähe des Centralknotens frei sichtbar ist und hier in wenig gekrümmte Hacken endet, die stets den langen Riefen abgewandt sind; auf der anderen Seite sind sie, namentlich am excentrischen Centralknoten, sehr verkürzt. Wenn die langen Riefen oben links liegen, so liegen sie unten rechts. Hauptseite breit mit stark abgerundeten Enden. Die herumgreifenden Theile der langen Riefen der Schale sind hier ebenfalls länger als die herumgreifenden Theile der kurzen Riefen. Beide Nabelmarken (so nenne ich die Bilder

der durchscheinenden Centralknoten) sind nicht zu gleicher Zeit deutlich zu sehen, da die Centralknoten von jeder der Hauptseiten ungleich weit abstehen. Der Querschnitt ist ein Rhomboid, wie bei den meisten Nitzschien und bei *Denticula*. Auch diese *Navicula* hat ein feines Riefensystem, das sich an der Mittellinie und auf dem Kieselbande zeigt; aus einigen Beobachtungen finde ich $\alpha = \frac{5}{2}$ a. Sie ist in fast allen von mir untersuchten Gewässern der Tatra häufig, namentlich in dem grössten der 5 polnischen Seebecken. Wird sie nicht genau untersucht, so kann sie leicht einerseits mit *N. viridis*, andererseits mit *N. oblonga*, wohl auch mit *N. hemiptera* verwechselt werden und ist wohl deshalb bisher als besondere Lebensform nicht erkannt worden. Ihre Länge beträgt 17—44 T., die Breite (der Nebenseite) $\frac{1}{6}$ bis $\frac{1}{5}$, die Dicke (Breite der Hauptseite) etwa $\frac{1}{4}$ der Länge. Sie unterscheidet sich von *N. dispar* S c h u m. Königsb. 1862 S. 189 IX 50 namentlich dadurch, dass diese auf dem Kieselbande zwei starke Längslinien zeigt, die der *N. alternans* fehlen. Auch *N. dispar* hat, wie ich ohnlängst gesehen, einen rhomboidischen Querschnitt. Bald werden sich wohl noch andere derartige Formen zeigen. Eine, die ich mir vorläufig als *N. alternans β. minor* notirt habe, glaube ich bereits gefunden zu haben. Sie ist 10—12 T. lang; in den Stationen V und VI hat sie 30, in IX 33 Querriefen auf $\frac{1}{100}'''$. Die Gestalt gleicht der von *N. alternans*, doch habe ich noch nicht Gelegenheit gehabt, sie im Wasser umzuwenden. Sollte für diese Formen ein neues Genus aufgestellt werden, so schlage ich als Namen *Alloeoneis* ($\alpha\lambda\lambda o\iota o\varsigma$, $\nu\alpha\nu\varsigma$) vor und als Characteristicum: Navicula, ab altera lineae longitudinalis parte pinnulis longis, ab altera parte pinnulis brevibus praedita, sectione transversa rhomboidea.

Nav. hemiptera Ktz. Bac. S. 97. XXX 11 selten in der Eisquelle; in IV, VI und IX hat sie in 5660 Fuss Höhe die Riefenzahl 29. Länge 13—39 T.

Nav. lata Breb. Syn. I S. 55 XVIII 167; *Pinn. pachyptera* Ehg. Amer. IV II 9. Im Siebenseethale fand ich 4 Ex. mit 7 Canälen; im Kohlbachthale 1 Ex. mit 12 Canälen auf $\frac{1}{100}'''$. Die Nebenseite ist leistenförmig mit und ohne schwache Anschwellung der Mitte, mit abgerundeten Enden. Ein in halber Wendung liegendes Fragment zeigte, dass die Canäle wenigstens in ihrem mittleren Theile erhaben sind. Jeder Canal scheint aus zwei senkrechten Wänden und einer über sie gespannten Wölbung zu bestehen und nach der Mittellinie hin offen zu sein. Die Längslinie erscheint als Schlitz, der nach Art eines Falzes in 2 Ebenen liegt. Bei einer kleinen ausgeglühten einzelnen Schale bestimmte ich die Brennweite eines der beiden Endknoten. Nachdem ich den Beleuchtungs-Hohlspiegel mit einem ebenen vertauscht und die Beleuchtungslinse entfernt hatte — eine Vorsicht, die nöthig ist, wenn man falschen Resultaten entgehen will — fand ich den Abstand des gut begrenzten Bildes einer entfernten Lichtflamme von der äusseren ebenen Seite des Knotens

= 0·0039''', bei einer folgenden Messung sehr übereinstimmend = 0·0040'''. Wird die Dicke der planconvexen Linse auf 0·001''' geschätzt, so erhält man als Brennweite etwa 0·005, d. h. ohngefähr die Hälfte von der Dicke der Frustel. Im natürlichen Zustande freilich ist das äussere Medium Wasser, das innere eine Masse, dessen Berechnungscoëfficient wohl wenig von dem des Wassers verschieden sein mag. Setzen wir ihn gleich dem des Wassers, so steigt die Brennweite etwa auf das Vierfache, d. h. auf 0·02'''. Bei geeigneter Stellung gegen die Sonne fällt der Lichtkegel auf den gegenüber liegenden Knoten und muss dann ausserhalb der Frustel einen Brenraum bilden, der indess wohl, wenn auch viel Licht, doch keine hohe Temperatur haben wird. Der Centralknoten gab mir zwei wenig begrenzte Bilder, deren Entfernung von der Schale sich nicht gut bestimmen liess. Sie weisen darauf hin, dass derselbe eine Rinne oder Röhre habe, durch welche wohl die beiden Längslinien mit einander verbunden werden. Auch der Centralknoten von *Cocconema asperum* gab mir zwei neben einander stehende, aber gut begrenzte Bilder, die zu demselben Schlusse führen. Bei *N. lata* ist das feinere Riefensystem sehr deutlich; die Dichtigkeit der die ganze Frustel überziehenden Punktreihen wird durch $\alpha = 4$ a bestimmt. Aber auch hier springt die Anzahl leicht in das doppelte über, so dass scheinbar $\alpha = 8$ a ist. Länge 25–47 T.

Nav. borealis (Ehg.) Amer. IV V 4 fehlt in der Eisquelle, auch bemerkt Grunow, dass sie der Kalkformation fremd zu sein scheint. Sie ist selten in den unteren Stationen II und III, sehr häufig in den anderen, namentlich in der obersten, so dass ich 188 Frusteln durchmessen konnte. Ihre Gestalt variirt vom plumpen Viereck durch die Ellipse bis zu einer Form, die fast Meniscus genannt werden kann. Bisweilen ist sie leistenförmig mit eingezogenen Enden, selten ist die Mitte angeschwollen. Einmal fand ich beide Formen vereinigt. Da die grobriefigen Diatomeen meistens noch ein feines Riefensystem zeigen — die Natur scheint glatte Stellen auf dem Kieselpanzer nicht zu dulden — so suchte ich zunächst bei dieser *Navicula* nach den feineren Riefen und fand sie bei allen Frusteln, die ich darauf hin untersuchte. Dies bestimmte mich später dieselben auch bei andern Pinnularien und bei Arten von *Gomphonema* aufzusuchen. Bei *N. borealis* gehen sie auf der Schale bis nahe an die Mittellinie, vor der sie meistens scharf absetzen, lassen sich deutlich zwischen den Canälen bis zum Kieselbande verfolgen, das ebenfalls mit solchen Punktreihen überzogen wird. Ihre Zahl ist durch die gut begründete Formel $\alpha = 4a$ bestimmt. Dabei bilden ihre Punkte bisweilen deutlich sichtbare Längsreihen, die noch etwas näher an einander stehen. Nennt man ihre Zahl β, so ist nahehin $\beta = 5a$. Länge 9–18–27–31 T.

Nav. interrupta (Sm.) Syn. 1 S. 59 XIX 184 wurde nur einmal im Kohlbachthale gefunden. Sie hatte 24 aus je 7–8 Körnern bestehende Querstreifen auf $1/100'''$. Länge 18 T.

Nav. Brebissonii Ktz. Bac. S. 93 XXX 39; *Pinn. stauronciformis* Sm. Syn. XIX 178, nicht selten im Siebenseethale mit a = 25. Länge 13—22 T.

Nav. firma Ktz. Bac. S. 92 XXI 10, Syn. I S. 48 XVI 138; Wien 1860 S. 542 III 11 *Nav. obtusa* Ehg. Mik. XX I 51? ist in den Tatra-Gewässern sehr häufig, meistens mit parallelen Seitenrändern, bisweilen mit bauchiger Mitte. Länge 13—33 T.

Als *N. firma β* hänge ich hier eine Form an, die wahrscheinlich nicht hieher gehört. Da ich sie nur in einem wohl aufgehobenen Exemplare (in der Eisquelle) gefunden, auch glaube, dass sie irgendwo bereits beschrieben sein wird, so wollte ich ihr keinen neuen Namen geben. Sie ist 20 T. lang, $4\frac{1}{4}$ T. breit, leistenförmig mit etwas erweiterter Mitte und gerundeten Enden. Mittellinie gerade; Centralknoten gross, länglich; Endknoten rund, ebenfalls ziemlich gross; die stark markirten Begleitlinien umziehen den Centralknoten in grossen Bogen. Die fast steilen punktirten Querlinien werden nach den Enden hin merklich dichter, durchschnittlich gehen 52 auf $\frac{1}{100}'''$.

Nav. Amphigomphus Ehg. Amer. III I 8 namentlich im Kohlbachthale häufig, verwandt mit *firma*, von der sie sich indess theils durch die Form, theils durch die stärkere Steigung der Riefenzahl unterscheidet. Einmal fand ich sie in der Pflanzenerde des Kohlbachthales. Länge 15—34 T.

Nav. latiuscula Ktz. Bac. S. 93 V 40; Wien 1860 S. 534 II 38. Die Innencontour ist kurz vor den Enden bisweilen eingezogen. Bei Königsberg hat sie 36, drei im Kohlbachthale gefundene Exemplare haben 50 Riefen auf $\frac{1}{100}'''$. Ein Umspringen in die doppelte Zahl habe ich nicht bemerkt. Länge 15—21 T.

Nav. Polygramma (Ehg.), *Stauroneis Polygramma* Ehg. Amer. S. 135 II VI 30; *Nav. costata* Ktz. Bac. S. 93 III 56; *Nav. pannonica* Grunow Wien 1860 S. 541 II 40 wurde nur einmal in VII gefunden. Nebenseite ein wenig abgerundeter Rhombus mit stumpfen Enden; Breite etwa $\frac{1}{4}$ der Länge; jederseits ein Randstreifen. Die Mittellinie gerade, stark; die Begleitlinien von den Enden her etwas divergirend, dann parallel; in der Mitte ein begrenzter Pseudonodulus in Form einer liegenden breiten Acht. Die kleinen Endknoten liegen in grossen, runden, begrenzten, hellen Räumen. Die punktirten Querriefen wenig geneigt, nach den Enden hin merklich dichter, durchschnittlich 44 auf $\frac{1}{100}'''$; sie gehen (schwächer) bis an die Mittellinie. Aus ihren Punkten formiren sich je 5—6 wellenförmige Längslinien. Weniger deutlich sieht man auch zwei schiefe Riefensysteme. Länge 21 T.

Nav. Bacillum Ehg. Amer. S. 130 IV V 8; Syn. II S. 91; Wien 1860 S. 551 II 1. hat bei Königsberg a = 39

10 *

$$\text{in } \frac{h}{600} = 7\cdot67 \text{ aus 4 Ex.} \qquad 41\frac{1}{2}$$

IX „ 4 55 Die Enden sind stumpf-
keilförmig, öfters indess so abgerundet, dass die Grundform unkenntlich
wird. Die der starken Mittellinie parallelen Begleitlinien gehen, an den
Enden der Frustel sich nach aussen biegend, in die Randlinien über.
Die wenig geneigten Querriefen sind in der Mitte viel weitläufiger als
an den Enden. Ihre Punkte formiren jederseits etwa 5 Längslinien. Der
länglich runde Centralknoten und die runden Endknoten sind sehr klein.
Länge 14—24 T.

Nav. minutissima (Ktz.) Grunow Wien 1860 S. 552 II 2 (nicht
3!). In dem der zweiten Tafel zugehörigen Namensregister sind die Num-
mern 2 und 3 mit einander vertauscht. Auch muss auf S. 552, Zeile 12,
Fig. 3 statt Fig. 2 stehen. Das eine im Bialkathale gefundene Exemplar
zeigte 80 sehr zarte Querriefen auf $^1/_{100}$'''. Länge 7 T.

Nav. stauroptera Var. parva Grunow Wien 1860 S. 516 II
19; *Stauroptera parva* Ehg. Amer. III I 19 ist mir nur einmal in der
Eisquelle vorgekommen, mit der Riefenzahl 31. Die mittleren Riefen nicht
fehlend, aber sehr kurz und schwach. Länge 12 T.

Nav. decurrens (Ehg.) Amer. III I 5, selten in der Eisquelle,
häufig in den oberen Regionen. Länge 7—16 T.

Nav. gibberula Ktz. Bac. S. 101 III 50; *Nav. Silicula* Ehg.
Mik. II II 15, IV I 10, V II 15, nicht selten, 8—27 T. lang; 15 an
Tatra-Exemplaren ausgeführte Messungen mit der in Preussen gefunde-
nen Riefenzahl combinirt, führen auf

$$a = 36 + \frac{h}{600} \cdot 1$$

Nav. acrosphaeria (Sm.) Syn. I S. 58 XIX 183, trat zweimal
in IX auf, mit 21 strahligen Riefen auf $^1/_{100}$'''. Länge 40—50 T.

Von *Nav. hungarica* Grunow Wien 1860 S. 539 I 30 wurden
4 Exemplare in der Eisquelle mit a = 33, 3 Exemplare in VII mit a = 46
gefunden. Mittellinie selten sichtbar, deutlich die Begleitlinien, die einen
punktirten Kreis um den (nicht sichtbaren) Centralknoten ziehen. Länge
4—8 T.

Nav. Seminulum Grunow Wien 1860 S. 552 II 3 (nicht 2!). Sie
ist jener ähnlich, hat aber eine deutliche Mittellinie und einen etwas
quadratischen Nabel. In der Eisquelle zeigte sich ein Exemplar mit der
Riefenzahl 43. Länge $6\frac{1}{2}$ T.

Nav. perpusilla Grunow Wien 1860 S. 552 II 7; Königsb. 1862
VIII 48 trat dreimal in der Eisquelle, einmal im Siebenseethale auf.
Dort gab 1 Exemplar a = 57; das letzte a = 55. Länge 5—6 T.

Zu *Nav. Pupula* Ktz. Bac. S. 93 XXX 40 habe ich 6—10 T. lange, langbäuchige Formen gezogen, die ich in V, VI und IX fand. Sie führen auf die Riefenformel

$$a = 35\tfrac{5}{9} + \frac{h}{600} \cdot \text{\%}$$

die für Dresden $37\tfrac{1}{6}$ gibt. Da indess nach **Rabenhorst** *Nav. Pupula* **Ktz.** die Riefenzahl 46 hat, so werden hier wohl zwei einander ähnliche Formen vorliegen.

Nav. nodulosa (Breb.) Ktz. Bac. S. 101 III 57 häufig in den oberen Regionen, meistens mit mittlerer Einschnürung und deutlicher Area, selten mit drei schwachen Anschwellungen. Länge 10—22 T. Ich füge ihr als Var. *N. Stauroptera* m., obwohl sie eine selbstständige Art sein mag, eine *Navicula* zu, die stets in fester Form auftritt, welche der schwach zweibäuchigen Form von *Nav. nodulosa* nahe steht und durch einen breiten Pseudostaurus charakterisirt ist. Aus 28 Exemplaren folgt die Riefenzahl 28 in 4600 Fuss Höhe, in welcher *N. nodulosa* a = $25\tfrac{3}{4}$ hat, wonach die Riefenzahl nicht gegen die Vereinigung spricht. Länge 10—14 T.

Nav. binodis Ehg. Syn. I S. 53 XVII 159 ist ziemlich häufig in der Eisquelle, selten in II, V und IX. Dort gaben mir 8 Frusteln a = 58, in II haben zwei Frusteln durchschnittlich 52, in IX eine Frustel 58 Riefen auf $\tfrac{1}{100}'''$. Manche Exemplare sind besonders breit. Länge 8—12 T.

Nav. sinuata m. Gestreckt, 7 bis 8mal so lang als breit, mit kopfförmigen gestutzten Enden und drei Erweiterungen, von denen die mittlere die breiteste und kürzeste ist; nur haben die ins Rhombische übergehenden Formen stumpfkeilförmige Enden. Deutlich die gerade Längslinie, der längliche Centralknoten, die kleinen runden Endknoten, die kurzen steilen Querriefen. Aus 13 Exemplaren folgt a = 41 in 4900 Fuss Höhe. Länge 10—14 T. Die ihr nahe stehende *Pinn. Monile* Ehg. Mik. XVII I 12 ist bei Königsberg 19—32 T. lang und hat zur Riefenzahl $19\tfrac{1}{2}$.

Nav. nodosa Ehg. Amer. II I 31, Wien 1860 S. 521 II 21, von sehr verschiedener Grösse (Länge 14—41 T., doch kommen die kleinen Exemplare nur in IX vor), gestreckt (die Breite beträgt öfters nur $\tfrac{1}{4}$ der Länge oder noch weniger), mit drei meistens sehr wenig vortretenden Anschwellungen, die auch bisweilen vollständig in eine gerade Linie zusammenfliessen, mit eingezogenen Enden, meistens mit einem Pseudostauros. Sie kommt vereinzelt in II, IV, V und IX vor, wo sie 28—38 Riefen auf $\tfrac{1}{100}'''$ hat.

Zu *Nav. Legumen* (Ehg.) Amer. IV I 17 ziehe ich drei in V und IX gefundene Frusteln von 11—12 T. Länge und durchschnittlich 30 ziemlich kurzen Riefen.

Nav. mesotyla Ehg. Amer. IV II 7, jener ähnlich, aber viel feiner gerieft. Drei Fxemplare der Eisquelle gaben a = 58, neun aus den anderen Stationen stammende a = 59 in der mittleren Höhe von

6200 Fuss. Sie lebt auch in der feuchten Erde des Kohlbachthales. Länge 8—15, meistens 11—12 T. Zu *Nav. zellensis* Grunow habe ich sie nicht gezogen, da die Tatra-Form breitere Enden hat.

Von *Nav. distenta* m. Königsberg 1867 S. 58 habe ich ein Exemplar bei Königsberg gefunden (Länge 14 T., a = 24). Sieben Exemplare zeigten sich in der Station III. Länge 16—23, a = 27. Die zwischen der Mitte und den Enden befindlichen Anschwellungen sind bisweilen kaum zu bemerken.

Unter den aufgeführten *Navicula*-Arten haben nach meinen Beobachtungen folgende neben den Canälen noch ein feineres System von Querriefen: *Nav. Heufleri, radiosa, divergens, nobilis, major, viridis, oblonga, alternans, lata, borealis.* Ihnen füge ich noch von preussischen Navicula-ceen hinzu: *Nav. cardinalis, Dactylus. peregrina, dispar, hemiptera, biglobosa* m., *aperta* m., *bipectinalis* m. Vielleicht wird sich auf Anwesenheit eines doppelten Riefensystems ein neues Genus *Pinnularia* begründen lassen. — Wie ich erst jetzt (Juni 1867) sehe, hat Herr Dr. Grunow (Wien 1860 S. 524) diese feinen Streifen bereits früher beobachtet.

Stauroneis truncata Rabenh. S. Diat. IX 12, zweites Bild. In Preussen hat sie 16 Riefen auf $\frac{1}{100}'''$; vier der Eisquelle entnommene Exemplare gaben a = 17, Länge 16—19 T.

Staur. pumila Ktz. Bac. S. 106 XXX 43; Königsberg 1864 S. 22 II 30, die Kützing im Hafen von Christiania gefunden, ist nach Auerswaldt's und meinen Beobachtungen eine Süsswasserform. Ein aus IX stammendes Exemplar zeigte 32 am Rande starke Riefen auf $\frac{1}{100}'''$. Länge 9 T.

Staur. Cohnii Hilse Alg. S. 249, rhombisch mit schmalem, scheinbar sehr verkürztem Stauros, der sich indess bei gerade durchfallendem Lichte bis an die Innencontur der Nebenseite verfolgen lässt, trat einmal in der Eisquelle mit 51, zweimal im Kohlbachthale mit 46 Riefen auf $\frac{1}{100}'''$ auf. Länge 8—9 T.

Staur. Meniscus Schum. Königsb. 1862 S. 189 IX 54; *Stauroptera truncata* Hilse. Ein aus IX stammendes Exemplar hatte 42 nur am Rande starke Riefen auf $\frac{1}{100}'''$. Länge $12\frac{1}{2}$ T.

Staur. linearis Ehg. Amer. I II 11 mit parallelen Seitenrändern, namentlich im Kohlbachthale häufig. Länge 9—19 T.

Staur. Platystoma (Ehg.) Ktz. Bac. S. 105 III 58. Im Siebenseethale fand ich ein Exemplar mit 60, im Kohlbachthale 5 Exemplare mit 69 Querriefen auf $\frac{1}{100}'''$. Der Stauros ist kürzer als ihn Kützing gezeichnet. Die Seitenränder der Nebenseite sind parallel oder sehr wenig convex. Die Endbreite = $\frac{1}{2}$ der grössten Breite. Länge 9—$12\frac{1}{2}$ T.

Staur. dilatata Ehg. Amer. I II 12 mit parallelen Seitenrändern; Syn. I 60 XIX 191 mit convexen Seitenrändern. Sie tritt hier in beiden

Formen auf. Im Siebenseethale gab ein Exemplar a = 40, im Kohlbachthale gaben 3 Exemplare a = 43. Länge 11—25 T.

Staur. anceps Amer. II I 8, Syn. XIX 190 mit Einschluss von
St. amphicephala Ktz. Bac. XXX 25 ist namentlich in der letzten Form
ziemlich häufig. Sie zeigt bisweilen schön ausgeprägte schiefe Riefensysteme. Länge 10—23 T.

Staur. Phoenicenteron (Nitzsch) Ehg. Amer. III I 17; Syn.
I S. 59 XIX 185 ist mir 5mal im Mengsdorfer Thale, 6mal im Kohlbach-
thale aufgetreten. Dort hat sie 40, hier 46 Riefen auf ¹/₁₀₀'''. Die in
Preussen gefundene Riefenzahl a = 28½ mit den Tatra-Beobachtungen

combinirt, führen auf die Formel $a = 21 + \dfrac{h}{600} \cdot \frac{7}{3}$. Die Riefenpunkte

sind hier so deutlich, dass man das Gewebe leicht untersuchen kann.
Länge 30—58 T.

Staur. lanceolata Ktz. Bac. XXX 24 zeigte sich je einmal in
den gleich hohen Gewässern II und III, zweimal im Kohlbachthale, dort
mit 51, hier mit 55 Riefen auf ¹/₁₀₀'''. Länge 24—45 T.

Staur. gracilis Ehg. Amer. I II 14. Vier Exemplare gaben a = 36
in 6000 Fuss Höhe. Länge 11—14 T.

Staur. Smithii Grunow Wien 1860 S. 564 IV 16, in der Synopsis I S. 60 XIX 193 irrthümlich als *Staur. linearis* Ehg. aufgeführt, ist
mir 4mal in der Eisquelle vorgekommen. Bei 2 Exemplaren konnte ich
die Querriefen mit Sicherheit zählen; ich fand, natürlich als Mittel von
mehreren Messungen, 56 und 57 auf ¹/₁₀₀'''. Länge 7—9½ T. Sie kommt
nach Grunow in Wässern der Kalksteinformation vor, was mit meinen
Beobachtungen übereinstimmt, da die Eisquelle dieser Formation an-
gehört.

Staur. Heufleriana Grunow Wien 1863 S. 155 XIII 10 steigt
in den Gewässern der Tatra vereinzelt bis zu meiner höchsten Station
auf. Bauchig mit stumpfen Enden, die wenig schmäler als die Mitte,
oder ebenso breit, bei kleinen Exemplaren sogar etwas breiter sind. Die
gerade Mittellinie deutlich, die Begleitlinien dem Schalenrande parallel,
der Stauros durchgehend, aber durch die Randriefen zum Theil verdeckt,
die Endknoten gross, die punktirten Riefen merklich geneigt. Vier Exemplare gaben in 5260' Höhe a = 67. Länge 5—6 T.

Frustulia saxonica Rabenh. Alg. S. 227 fehlt in der Eisquelle,
ist in den mittleren Höhen selten, ziemlich häufig im Kohlbachthale, wo
sie auch in der feuchten Erde vorkommt. Sie tritt in folgenden Formen auf:

1. *Nav. crassinervia* Breb. Syn. I S. 47 XXXI 271; Beitr. S. 10
II 13 c.

2. *Nav. cuspidata* Ktz. Syn. XVI 131; Beitr. II 16 a.

3. Eine der ersteren gleichende Form, die aber jederseits einen oder

zwei starke Randstreifen zeigt. In Bezug auf die Art und Zahl der Riefen stimmen alle diese Formen der Hauptsache nach überein, so dass die für die erste aufgestellte Riefenformel auch für die anderen gilt. Bei schiefer Beleuchtung erscheinen die Wände der einzelnen Querriefen als besondere Streifen, so dass sich die Riefenzahl scheinbar verdoppelt. Um die Frage über die Anwesenheit oder das Fehlen des Mittelknotens und der Endknoten zur Entscheidung zu bringen, wandte ich bei einem Exemplar von *N. crassinervia* dasselbe Mittel an, das ich oben bei *N. lata* beschrieben, und muss mich nach den beobachteten Brennräumen für Anwesenheit dieser Knoten aussprechen. Jener muss etwa die Form eines der Länge nach halbirten, an den Enden wenig abgerundeten Cylinders, diese müssen etwa die Form von kleinen Halbkugeln haben. Ich halte somit die von Grunow gegebenen Abbildungen in Bezug auf die Knoten für richtig. Länge 15—28 T.

Schizonema vulgare (Thwaites) Rabenh. Syn. II S. 70 LVI 351. Fünf der Eisquelle entnommene Frusteln, die mit noch 11 anderen in einer Schleimmasse zusammenlagen, gaben a = 37 (74). Die groben Riefen sind hier, wie in vielen anderen Fällen, schwerer sichtbar als die feineren (scheinbaren). Smith, der als Riefenzahl 65 auf ¹/₁₀₀''' Par. gibt, hat daher nur die feineren Streifen gesehen. Länge 18—21 T.

Schiz. neglectum (Thwaites) Rabenh. Syn. LVI 352, nicht selten in der Eisquelle. Sechs Exemplare gaben mir a = 28, während ich in Preussen a = 26 finde. Länge 12—29 T.

Schiz. subcohaerens (Thwaites) Rabenh. Syn. LVI 353 trat nur zweimal im Mengsdorfer Thale auf, wo sie 40 Riefen auf ¹/₁₀₀''' hat. Länge 14 T.

Mastogloia antiqua Schum. Königsb. 1862 S. 190 IX 58, das in preussischen Mergellagern und in offenen süssen Wässern 27 Querriefen auf ¹/₁₀₀''' hat, zeigte sich 9mal in IV, V und IX mit den Riefenzahlen 44, 45 und 48, welchen Beobachtungen die Formel

$$a = 19 + \frac{h}{600} \cdot {}^{11}/_4$$

entspricht. In Preussen kommen 11, in der Tatra 15—20 Loculi auf ¹/₁₀₀'''. Länge 8—16 T.

Cyclotella Kützingiana Thw. Syn. I S. 27 V 47 wurde zweimal in V und IX gefunden. Durchmesser der Scheibe 5—9 T.

Cycl. Astraea (Ehg.) Ktz. Spec. Alg.; *C. Rotula* Ktz. Bac. II 4; Syn. V 50 zeigte sich einmal in VII, zweimal in IX. Die Strahlen der Scheibe zerfallen in Punkte, aus denen sich concentrische Kreise formiren. Das Gewebe besteht also aus correspondirenden Reihen. Durchmesser 7—11 T.

Melosira arenaria Moore Syn. LII 334 ist selten in der Eisquelle und im Siebenseethale. Dort fand ich in 4 Exemplaren auf den

Hauptseiten 29½ Querriefen und 41 unter 45 Grad geneigte Punktreihen auf $1/100'''$. Durchmesser 17—27 T.

Mel. nivalis Sm. Syn. LIII 336 zeigte sich in der Eisquelle und im Kohlbachthale, wo 7 Frusteln 37 Querriefen und 33 Längslinien hatten. Das Gewebe besteht aus correspondirenden Reihen, der Zeichnung von Smith entsprechend. Durchm. 3—8 T.

Mel. distans (Ehg.) Ktz. Bac. S. 54 II 12; Syn. LXI 385, häufig in II, nicht selten in den anderen Stationen. Die Punktreihen der Hauptseite schneiden einander rechtwinklig, was auch Smith in der Zeichnung deutlich ausdrückt. Ich fand aus 23 der Station II entnommenen Frusteln 37 Querstreifen und 35 Längsstreifen, also nahehin a = b = 36. Die Achse des Cylinders ist oft sehr stark gekrümmt. Durchm. 1½—3½ T.

Mel. varians Ag. Syn. LI 332, ziemlich selten. Drei Exemplare hatten in 5300 Fuss Höhe 37 Querstreifen auf $1/100'''$. Sie bestehen aus Punktreihen, die mit einander alterniren, so dass schiefe Systeme entstehen, welche 60—70 Grad gegen die Querriefen geneigt sind. Durchm. 9—14 T.

Mel. granulata (Ehg.) Pritch, *Orthosira punctata* Sm. Syn. LIII 339. Es wurden 5 Exemplare im Siebenseethale gefunden, welche a = 26 gaben. Diese *Melosira* hat zwei rechtwinkelig auf einander stehende Riefensysteme, von denen meistens das eine dem Cylinderrande parallel ist, während das andere senkrecht auf ihm steht. Nicht selten indess sind sie etwa um 10 und 80 Grad gegen die Achse geneigt, so dass beide Systeme Spirallinien bilden. Durchm. 5 - 11 T.

Mel. orichalcea (Mertens) Ktz. Syn. LIII 337, an den groben Zähnen des Scheibenrandes kenntlich, ist ziemlich häufig. Aus 8 der Station VII entnommenen Frusteln finde ich a = b = c = 36. Die Streifen schneiden einander unter 60 Neigung. Scheibendurchmesser 6—16 Tausendtheile einer Par. Linie.

Ich habe hier 205 Species aufgeführt. Zu ihnen kommen noch 30, die ich nicht scharf genug beobachtet habe. Die Tatra ernährt also wenigstens 235 Diatomeen-Species. Auffällig war mir die grosse Neigung zur Bildung eines Pseudostauros, der aber auch auf anderen Gebirgen nicht selten zu sein scheint.

Die wichtigeren dieser Formen habe ich ohne Ausnahme, aber auch von den übrigen fast alle in meinen zahlreichen Tatra-Präparaten unter so dünnen mit gutem Verschluss versehenen Deckgläschen aufbewahrt, dass sie den schärfsten controllirenden Beobachtungen zugänglich sind.

Von den hier nachträglich aufgestellten Riefenformeln stützen sich die 10 zuverlässigsten, abgesehen von den festen Punkten der Ebene, auf 219 einzelne Riefenzahlen, jede also etwa auf 22. Ferner habe ich für die Eisquelle 7 feste Puukte bestimmt, die aus 95, in den anderen Stationen noch 14 feste Punkte, die aus 257 mittleren Riefenzahlen hervorgegangen. Die letzteren können als Bausteine zur Bildung neuer Riefenformeln benutzt werden. Zähle ich noch die einzelnen und die mehr oder weniger gruppirten Riefenzahlen hinzu, so finde ich als Gesammtzahl etwa 2400.

Hebe ich diejenigen Arten heraus, die ich zugleich in Preussen und in meiner höchsten Station der Tatra beobachtet habe, so finde ich

	Preussen	Tatra
Himantidium gracile. . . . a =	23	A = $33^3/_5$
Meridion circulare	35	49
Tabellaria flocculosa	33	$43^4/_5$
Cymbella affinis	24	$36^2/_3$!
„ Fusidium	$34^1/_3$	44
Cocconema Lunula	24	39 !
Encyonema caespitosnm . .	$23^1/_2$	$31^2/_5$
„ prostratum . . .	17	$30^1/_2$!
Ceratoneis lunaris	32	36
Gomphonema Augur	21	34 !
„ gracile	20	31 !
„ acuminatum .	20	$29^1/_5$
Pinnularia viridula Ehg. .	$13^3/_4$	33 !
„ borealis Ehg. . .	$12^1/_2$	$13^9/_{10}$
Navicula cryptocephala . .	42	50
„ firma	38	49
„ Amphigomphus . .	37	56 !
„ Bacillum	39	55
„ decurrens	19	$34^9/_{10}$!
„ crassinervia . . .	31	52 !
Stauroneis linearis	33	57 !
„ Phoenicenteron .	$28^1/_2$	46 !

Die in Preussen geltende Riefenzahl ist hier mit a, die in IX der Tatra geltende mit A bezeichnet worden. Sucht man für jede der hier aufgeführten 22 Arten die Verhältnisssahl der Grössen a und A und schliesslich das Mittel dieser Verhältnisszahlen, so erhält man

$$a : A = 1 : 1·51$$

Durchschnittlich steigt also die Riefenzahl auf dem Wege von Preussen nach IX der Tatra um 51 Procent; bei 11 Arten, die ich mit einem ! ausgezeichnet habe, mehr; bei den anderen 11 Arten weniger. Von *Cymbella* zeigt eine Species eine stärkere, die andere eine schwächere; ebenso von *Encyonema* die eine eine stärkere, die andere eine schwächere; von *Pinnularia* und *Navicula* zeigen 4 Arten eine stärkere, die 4 anderen Arten eine schwächere Steigerung der Riefenzahl; das

Maximum der Steigerung zeigt *Pinnularia viridula*, das Minimum *Pinnularia borealis*. Hieraus schliessen wir auf Grund dieser Beobachtungsreihe, dass die grössere oder geringere Verdichtung der Querstreifen, nicht ein Merkmal des Genus, sondern ein Merkmal der Species sei. Es liegt in der Natur derartiger Gesetze, dass sie, auch wenn längere Beobachtungsreihen zu Grunde gelegt werden, nur eine geringe Veränderung zeigen. Noch mag daran erinnert werden, dass dieses Wachsthum der Riefenzahl nicht der Höhe proportional ist, sondern dem Gesetze der Parabel folgt.

Um über den Charakter der Tatra-Diatomeen etwas aussagen zu können, habe ich das einzige Werk, das hier maassgebend ist, zu Rathe gezogen, die Mikrogeologie von Ehrenberg und werde durch dieselbe mit aller Entschiedenheit auf Nordamerika hingewiesen. Ehrenberg hat eine Reihe von nordamerikanischen, theils lebenden, theils fossilen Formen beobachtet und gibt ihre Abbildungen auf Taf. II II. III, Taf. III, IV und V. Auf der letzten Tafel ist auch eine Gruppe isländischer Diatomeen abgebildet, die sich nicht wesentlich von den anderen unterscheiden. An sie schliessen sich noch einige isländische Formen, die Ehrenberg in der Hekla-Asche aufgefunden. Siehe Mik. XXXVIII A XVII. Er findet nach meiner Zählung, wenn ich die Varietäten von *Eunotia serrata* und die von *Gomphonema acuminatum* mit den Hauptformen vereinige und *Staurosira construens* und *pinnata* zusammenziehe, 102 Diatomeen-Species, von denen folgende 56 nach meinen Beobachtungen in den Gewässern der Tatra leben.

Epithemia turgida (*Eun. granulata* Ehg. V I 2); *Eunotia Manodon, Diodon, Tetraodon, exigua* (*impressa* Ehg. II II 30), *paludosa* (*uncinata* Ehg. II III 20? III IV Massenansicht!); *Himantidium gracile, majus* (*Eun. biceps* Ehg. V III 36, III IV Massenansicht), *Arcus, bidens. Meridion circulare* (*Podosphenia? Pupula* Ehg. IV III 39); *Odontidium* (*Frag.?* Ehg.) *anceps, Fragilaria virescens* (*Rhabdosoma* und *diophthalma* Ehg.), *mutabilis* (*pinnata* Ehg.).

Nitzschia (*Eunotia* Ehg.) *Amphioxys; Tabellaria flocculosa* (*biceps* Ehg.), *fenestrata* (*trinodis* Ehg.); *Cocconeis Placentula, borealis. Cymbella* (*Cocconema* Ehg.) *gracilis, leptoceros, Fusidium; Cocconema asperum, cymbiforme; Ceratoneis* (*Synedra* Ehg.) *lunaris; Gomphonema Augur, gracile, clavatum, longiceps, americanum, Turris, acuminatum, capitatum* (*turgidum* Ehg. II II 40).

Navicula Carassius (*Amphisbaena* Ehg. V I 18), *Semen, Amphioxys, gracilis, affinis, nobilis, viridis, oblonga* (*macilenta* und *Stauroptera microstauron* Ehg. V III 3), *borealis, Amphigomphus. Bacillum, decurrens, gibberula* (*Silicula* Ehg.), *acrosphaeria* (*Pinn. Tabellaria* Ehg. II II 6 b; IV II 3), *nodulosa* (*Pinn. dicephala* Ehg. IV I 7), Legumen.

Stauroneis linearis, *Platystoma* , *Phoenicenteron* , *gracilis* ; *Melosira distans, varians, orichalcea*.

Ferner lebt *Gomphonema Cygnus* mit Wahrscheinlichkeit auch in den Wassern der Tatra, da ich eine Frustel dahin gezogen; *Amphora rimosa* Ehg. V I 27 ist vielleicht identisch mit *Amph. gracilis*, *Cocconeis longa* Ehg. V I 25 mit *Navicula Scutum* Schum., *Stauroptera cardinalis* Ehg. III I 3 mit *Navicula divergens; Pinnularia megaloptera* steht wenigstens nahe der leistenförmigen *Nav. lata*, *Pinn. Gastrum* der *Nav. anglica*; *Cymbella Ehrenbergii* ist als Stellvertreterin von *Cymb. naviculiformis* zu betrachten, *Navicula ambigua* von *N. dubia*. Aber auch die anderen sind ihrem Charakter nach den Tatra-Diatomeen nicht fremd. Dabei mag auch berücksichtigt werden, dass beide Beobachtungsreihen, die Ehren- berg's und die meinige, lückenhaft sind, und dass ich bei der starken Vergrösserung, die ich angewandt, viele Formen aufnehmen konnte, die bei der von Ehrenberg gebrauchten Vergrösserung nicht mehr zur klaren Erscheinung gebracht werden konnten.

Zu diesem positiven Urtheile — das auf Verwandtschaft der Tatra- Diatomeen mit denen von Nordamerika hinweist — füge ich noch ein negatives hinzu. Sie haben keine Verwandtschaft mit den Diato- meen von Schweden und Finnland. Ich muss mich auch hier auf die Mikrogeologie stützen, da meine Beobachtungen des Lagers von Degernfors nicht ausreichend sind. Nach Taf. XVI und XVII der Mikro- geologie sind in den schwedischen und finnländischen Lagern und offenen Wassern namentlich folgende Formen charakteristisch : Die mit vielen Rückenbuckeln und spitzen Rückenzacken versehenen Eunotien, *Fragi- laria constricta*, *Bibliarium Glans* und *emarginatum*, *Surirella robusta* und *oblonga*, *Navicula Trochus* und *Follis*, die — wieweit meine Beobachtun- gen reichen — sämmtlich in den Gewässern der Tatra fehlen ; wobei freilich noch zuzusetzen ist, dass die ersteren wenigstens durch ähn- liche Formen der Tatra vertreten werden.

Abgesehen von den Diatomeen habe ich bei meinen Beobachtungen zweimal *Arcella proteiformis* in der Pflanzenerde des Kohlbachthales, oft *Arcella Enchelys* gefunden, nicht selten *Euastrum margaritiferum*, sehr selten Bruchstücke von Schwammnadeln und nur einmal eine ganze Nadel; sehr häufig flache Kiesellinsen mit einem Scheibendurchmesser von 6—15 T., endlich zahlreich 8—64 T. lange, scharfkantige Berg- crystalle in Form einer sechsseitigen Säule mit beiden vollständig ausge- bildeten Dihexaederspitzen. Sie zeigen sich am häufigsten in der Eisquelle und mögen sich wohl an Ort und Stelle noch heute bilden. Vergl. Bischof's Lehrbuch der chemischen und physikalischen Geologie. 1863. Band I S. 534.

VIII. Ueber die Abhängigkeit der Riefenzahl von der Temperatur.

Durch die gewonnenen Riefenformeln ist ausgesprochen, wie die Zahl der Querstreifen, die auf $^1/_{100}$ einer Pariser Linie gehen, von der Höhe abhängig ist, in der die behandelte Diatomeenart lebt. Die Höhe wurde durch Strecken von 600 Fuss gemessen, da im Tatra-Gebirge bei jeder Erhebung um 600 Fuss die Sommertemperatur um 1 Grad Reaumur sinkt. Würden wir sie ebenso mit der Wintertemperatur oder mit der Mitteltemperatur des Jahres in Verbindung setzen wollen, so müssten wir die senkrechte Erhebung nach Strecken von 764 oder 672 Fuss messen. Dann würde z. B. die für *Navicula viridis* geltende Formel

$$a = 11^2/_5 + \frac{h}{600} \cdot 1 \quad \text{übergehen in}$$

$$a = 11^2/_5 + \frac{h}{764} \cdot {}^{19}/_{15} \quad \text{oder in}$$

$$a = 11^2/_5 + \frac{h}{672} \cdot {}^{24}/_{25}$$

Erinnern wir uns ferner an die Formeln, durch welche wir die Sommertemperatur s, die Wintertemperatur w und die mittlere Jahrestemperatur i mit der Höhe h in Verbindung setzten. Sie sind, wenn die Zahlen ein wenig abgerundet werden, diese:

$$\left.\begin{array}{llll}
s = 16^1/_2 - \dfrac{h}{600} & \text{woraus folgt} & \dfrac{h}{600} = 16^1/_2 - s \\[2mm]
w = -^1/_2 - \dfrac{h}{764} & \text{\textit{n}} & \text{\textit{n}} & \dfrac{h}{764} = -^1/_2 - w \\[2mm]
i = 8 \quad - \dfrac{h}{672} & \text{\textit{n}} & \text{\textit{n}} & \dfrac{h}{672} = 8 \quad - i
\end{array}\right\} 1$$

Mit ihrer Hilfe können wir zunächst eine Reihe von Fragen beantworten. Wollen wir z. B. wissen, wo die Sommertemperatur 10^0, wo die Wintertemperatur -8^0, wo die Jahrestemperatur 0^0 beträgt, so brauchen wir nur in die letzten Formeln diese Zahlen hineinzusetzen und erhalten dann 3800, 5730 und 5376 (mit Hilfe der unabgekürzten Formel 5430) Fuss Höhe. Zeigte sich in einem Gewässer der Tatra *Navicula viridis* und gebe eine genügend grosse Zahl von beobachteten Frusteln $a = 18^2/_5$, so müsste dieses Gewässer 4200 Fuss über dem Meere liegen, also $9^1/_2{}^0$ als Sommertemperatur, -6^0 als Wintertemperatur und $1^3/_4{}^0$ als Mitteltemperatur haben. Würden 10 Diatomeen-Arten auf dieselbe Höhe führen, so würden unsere Schlüsse grössere Sicherheit erhalten.

Wir können auch mit Umgehung der Höhe jede gewonnene Riefenzahl z. B. die von *Nav. viridis* direct von der Temperatur abhängig machen. Dann erhalten wir

$$a = 11\tfrac{2}{5} + (16\tfrac{1}{2} - s)\,.\,1$$
$$a = 11\tfrac{2}{5} + (-\tfrac{1}{2} - w)\,.\,\tfrac{19}{15}$$
$$a = 11\tfrac{2}{5} + (\quad 8 - i)\,.\,\tfrac{29}{25}$$

Machen wir die Voraussetzung, dass die mit 1. bezeichnete Formelgruppe genau die Abhängigkeit der Temperatur von der Höhe ausspreche, so haben die drei letzten Riefenformeln dasselbe Gewicht als die drei ersten. Alle sechs gelten indess zunächst nur für die Tatra.

Suchen wir ihnen, vielleicht durch Umgestaltung, auch für andere Orte Geltung zu verschaffen und fragen dabei nach der Form, welche für die neuen Riefenformeln die wünschenswerthe sei: so ist die Antwort, wie es scheint, leicht gegeben. Die neuen Formeln mögen die Riefenzahl für die Ebene angeben und dabei aussprechen, wie diese Zahl für die Erhebung um gleiche Strecken, etwa um je 1000 Par. Fuss, steige. Doch kann weder jener noch dieser Forderung Genüge geschehen. Die Lebensverhältnisse der Diatomeen sind in der ungarischen Ebene wesentlich andere als die in der preussischen, da die Temperatur dort höher ist als hier. Was ferner die Zunahme der Riefenzahlen betrifft, so ist sie nach den oben gemachten Mittheilungen wahrscheinlich für keine Diatomeen-Art proportional der Höhenzunahme. Würde aber auch diese Proportionalität stattfinden, so ist voraussichtlich die Strecke, die bei einer gewissen Species einer Steigerung um eine Riefe entspricht, nicht an allen Orten der Erde dieselbe. In der Schweiz hat vielleicht eine Erhebung von 700 Fuss, im Harz eine Erhebung von 500 Fuss denselben Werth als in der Tatra eine Erhebung von 600 Fuss.

Wir müssen also sowohl die Ebene als auch die Einheit für die Höhenmessung thermisch bestimmen. Für jene habe ich die auf bekannte Weise temperirte Basis der Tatra gewählt, für diese die verticale Erhebung, die in der Tatra einer Depression der Sommertemperatur um 1^0 R. entspricht.

Vielleicht, dass ich besser gethan hätte, statt der Sommertemperatur eine andere Wärmefunction zu Grunde zu legen, diejenige nämlich, die von der etwa graphisch dargestellten Temperaturcurvenfläche übrig bleibt, wenn man alle negativen Temperaturen fortlässt, da die Diatomeen unempfindlich gegen sie zu sein scheinen. Um dies zu prüfen, nahm ich einst nach dreitägigem starken Froste, bei dem die Temperatur bis -20^0 R. gesunken, ein Stückchen gefrorner Erde von einer frei gelegenen Wiese in ein warmes Zimmer und liess es aufthauen. Eine halbe Stunde darauf sah ich mit Hilfe eines Mikroskopes mehrere der so erweckten Diatomeen in lebhafter Bewegung. Ich habe dabei freilich versäumt zu beobachten, bei welcher Temperatur ihre ersten Lebensregungen sich zeigten. Bei phanerogamen Pflanzen hat man gefunden, dass in manchen derselben bei 0^0, in anderen bei 1^0 oder 2^0 oder bei einer noch höheren Temperatur die Actionen des Lebens beginnen. Nehmen wir,

um die Vorstellung zu vereinfachen, an, dass bei allen Diatomeen 0°
dis Schwelle des Lebens, und dass die Wirksamkeit der Temperatur
proportional ihrer Höhe sei, so hätten wir als active Wärmemasse diejenige, die man, wenn sie numerisch dargestellt wird, Wärmesumme
nennt. Dass diese Wärmesumme für Königsberg und der angegebenen
Tatrahöhe fast genau übereinstimmt, lehrt folgende Zusammenstellung:

	Winter	Frühling	Sommer	Herbst	Jahr
Tatra	— 2·96	+ 5·19	13·44	5·40	5·26
Königsberg	— 2·02	+ 4·27	13·44	6·18	5·47

Es finden sich nur Unterschiede, die von denen der einzelnen Jahre
bedeutend überwogen werden. Nehmen wir noch das Mittel der Temperaturen von Frühling, Sommer und Herbst, dem die Wärmesumme etwa
proportional ist, so finden wir dieselbe für die Tatra = 8·01; für Königsberg = 7·96.

Sollte also die Riefenzahl von der Wärmesumme abhängen, so
würde man Königsberg ohne merklichen Fehler durch die Sommertemperatur mit der Tatra in Verbindung setzen können, wie ich es bei der
Ableitung mehrerer Riefenformeln getban habe.

Dass indess die hier maassgebende Wärmemasse nicht die oben
definirte Wärmesumme sei, sieht man bald, wenn man auf das Leben
der Diatomeen während des Winters eingeht und auf den Unterschied
zwischen der Temperatur der Luft und des Wassers. Welchen Werth aber
auch die uns unbekannte Wärmemasse haben mag, so muss sie für jeden
Ort, dessen Temperaturcurve mit der Curve der entsprechenden Tatra-
höhe übereinstimmt, dieselbe Function von jedem Stück der Temperaturcurve, also auch von der Sommertemperatur sein. Für diese Orte werden
also alle oben entwickelten Riefenformeln gelten, wenn man in ihnen

$$\frac{h}{600} = 16\frac{1}{2} - s$$

setzt. Mit grösserer oder geringerer Annäherung werden die Formeln
auch für diejenigen Orte gelten, deren Temperaturcurven wenigstens für
die warme Zeit des Jahres der entsprechenden Tatracurve gleich oder
nahe gleich sind. Schliesslich hebe ich noch hervor, dass man die Grösse
der Sommertemperatur für alle Orte der Erde, in denen Diatomeen
beobachtet oder gesammelt werden, theils direct den meteorologischen
Tabellen entnehmen, theils durch Interpolation finden kann.

IX. Abhängigkeit der Grösse der Frustel von der Erhebung über die Meeresfläche.

Da die Querdimensionen der Frusteln der Länge derselben etwa
proportional sind, so kann man ihre Grösse auf ihre Länge reduciren.

Dass diese bei den verschiedenen Exemplaren ein und derselben Species verschiedene Werthe habe, ist bekannt. Doch hat man sich mit den Gesetzen, die auf diesem Felde herrschen, meines Wissens nach bisher nicht beschäftigt.

Zunächst haben wir hier folgende Begriffe zu fixiren: mittlere Länge, mittlere Schwankung der Länge, wahrscheinliche Schwankung, relative wahrscheinliche Schwankung. Die mittlere Länge würde man erhalten, wenn man die Längen aller Frusteln einer gewissen Species durchmessen und das arithmetische Mittel der Messungsresultate nehmen möchte, wobei noch vorausgesetzt wird, dass die Messungen absolut genau seien. Da indess schon der ersten Bedingung nicht genügt werden kann, so bleibt die mittlere Länge für uns ein Ideal, dem wir uns aber durch längere Beobachtungsreihen mehr und mehr nähern können. Die mittlere Schwankung der Länge erhält man aus den einzelnen beobachteten Längen ebenso, wie wir die mittlere Schwankung der Riefenzahl aus den einzelnen beobachteten Riefenzahlen gefunden haben. Dabei ist der Umstand günstig, dass man, wenigstens in den gewöhnlichen Fällen, ohne merklichen Fehler die Beobachtungszahlen als absolut genau annehmen kann gegenüber den grossen Längendimensionen und ihren ebenfalls sehr grossen Schwankungen. Wird die mittlere Schwankung mit 0·67449... multiplicirt, so erhält man die wahrscheinliche Schwankung, d. h. diejenige, auf die man in jedem einzelnen Falle zu rechnen hat. Dividiren wir endlich diese durch den mittleren Werth der Längendimensionen, so erhalten wir die relative wahrscheinliche Schwankung, die ich in Folgendem mit Σ bezeichnen werde. Diese Grösse nun habe ich für mehrere Species zu bestimmen gesucht. Ich finde sie für

Eunotia Monodon	aus	26	Ex.	=	0·152
„ Diodon	„	23	„		0·130
„ bidentula	„	30	„		0·117
Himantidium gracile	„	39	„		0·281
Odontidium mesodon	„	31	„		0·163
Fragilaria virescens	„	29	„		0·140
Tabellaria flocculosa	„	28	„		0·076
Cymbella naviculiformis	„	40	„		0·072
Encyonema prostratum	„	32	„		0·070
Achnanthes elliptica	„	37	„		0·163
Gomphonema acuminatum	„	34	„		0·071
Navicula major	„	28	„		0·082
„ alternans	„	48	„		0·113
„ borealis	„	118	„		0·127
„ decurrens	„	28	„		0·125
„ firma	„	41	„		0·121
„ Amphigomphus	„	28	„		0·106

Navicula nodulosa	aus 59 Ex.	= 0·097
„ crassinervia	„ 26 „	0·113
Stauroneis linearis	„ 25 „	0·123
„ amphicephala	„ 22 „	0·105
Melosira distans	„ 23 „	0·152

Suchen wir auch hier trotz der Verschiedenheit der gefundenen Resultate den mittleren Werth für die wahrscheinliche relative Längen-Schwankung und zwar auf dieselbe Weise, wie wir die Riefen-Schwankung im fünften Abschnitte gefunden, so erhalten wir 0·1231 oder etwa $\frac{1}{4}$. Ich bemerke noch, dass die Verschiedenheit der einzelnen Gruppen, die derselben Species angehören, fast ebenso gross ist als die (wirkliche oder scheinbare) Verschiedenheit, die sich in der oben gegebenen Tabelle zeigt; auch hebe ich noch hervor, dass das zuverlässigste Resultat, dasjenige nämlich, das *Navicula borealis* gegeben, etwa mit dem Mittelwerthe zusammenfällt. Hienach scheint der aus 795 Längenmessungen gezogene Mittelwerth

$$1) \quad \Sigma = \frac{1}{8}$$

allgemeine Geltung zu haben. Ist z. B. die mittlere Länge der Frusteln einer Species 32, so haben wir bei jeder einzelnen Beobachtung auf eine Schwankung von 4 zu rechnen. Wird die Länge von n Frusteln ein und derselben Art durchmessen und das Mittel genommen, so nähert sich dasselbe der wahren mittleren Länge desto mehr, je grösser n ist; und zwar ist die wahrscheinliche relative Abweichung vom wahren Mittel

$$2) \quad T = \frac{1}{8 \sqrt{n}}$$

Für die Riefenzahlen fanden wir als entsprechende Grössen

$$\sigma = \frac{1}{15} \quad \tau = \frac{1}{15 \sqrt{n}}$$

Wir sehen somit, dass die Längen-Schwankung fast doppelt so gross ist als die Riefenschwankung. Haben wir die Riefen von 10 einer Species angehörigen Frusteln so genau bestimmt, dass die Beobachtungsfehler vernachlässigt werden können, so ist die wahrscheinliche Abweichung des Mittels unserer Beobachtungszahlen von der wahren mittleren Riefenzahl $\frac{1}{15 \sqrt{10}} = \frac{1}{47}$ derselben. Haben wir zugleich die Längen der Frusteln gemessen und das Mittel genommen, so nähert sich dieses Mittel der wahren mittleren Länge weniger, da die wahrscheinliche relative Abweichung $\frac{1}{8 \sqrt{10}} = \frac{1}{25}$ beträgt. Um für die Länge dieselbe Genauigkeit zu erzielen, muss man 35 Frusteln durchmessen.

Hieraus geht hervor, dass annähernd sichere Gesetze für die Längendimensionen nur aus sehr grossen Beobachtungsreihen gefolgert werden können. Dies ist auch der Grund für die grosse Verschiedenheit der Werthe, die man in der oben gegebenen Tabelle findet, während die im fünften Abschnitte befindliche Tabelle Zahlen enthält, die sich vom Mittel nur wenig entfernen. Um gleichwohl ein annähernd brauchbares Resultat zu erhalten, habe ich hier 795 Beobachtungen benutzt, während dort 452 ausreichten.

Ich komme jetzt zu der Frage, wie sich die mittlere Länge der Frusteln einer Species ändert, wenn sie sich von der Ebene in die verschiedenen Regionen eines Gebirges, specieller der Tatra, erhebt. Nach den oben gemachten Mittheilungen wird sich der geneigte Leser schon mit wenigen Andeutungen begnügen müssen.

In Bezug auf die Riefen zeigte sich als erstes Annäherungsgesetz das der geraden Linie. Die Riefenzahl steigt mit steigender Höhe und zwar proportional der Höhenzunahme.

Hier finden wir das umgekehrte Verhältniss. Die Länge, die mit l bezeichnet werden mag, sinkt mit steigender Höhe und zwar proportional der Höhenzunahme. Ich finde z. B. für

Eunotia Diodon	aus 36 Ex. l =	24	− H .	1
„ tridentula	„ 21 „	$9\frac{1}{2}$	− H .	$\frac{1}{4}$
„ exigua	„ 20 „	$7\frac{2}{3}$	− H .	$\frac{1}{8}$
Himantidium pectinale	„ 43 „	24	− H .	$\frac{3}{2}$
Meridion circulare	„ 41 „	$14\frac{2}{3}$	− H .	$\frac{1}{8}$
Cymbella naviculiformis	„ 64 „	$22\frac{1}{3}$	− H .	1
Eucyonema prostratum	„ 51 „	$20\frac{4}{5}$	− H .	$\frac{3}{5}$
Ceratoneis Arcus	„ 36 „	40	− H .	2
Navicula nobilis	„ 38 „	128	− H .	$1\frac{1}{2}$
„ major	„ 38 „	132	− H .	8

worin wieder H für $\dfrac{h}{600}$ gesetzt ist. Die erste dieser Formeln sagt, dass *Eunotia Diodon* in der Basisebene der Tatra, bei der Sommertemperatur $16\frac{1}{2}^0$ R., $^{24}/_{1000}$ einer Par. Lin. zur mittleren Länge hat und dass die Länge auf der Tatra bei je 600 Fuss Steigung um $^1/_{1000}$ einer Linie abnimmt. Bringt man die Gleichung in die Form l = 24 (1 − H . 0·042), so sieht man in dem Factor von H die relative Verringerung der Länge für die Erhebung um 600 Fuss. Bringen wir auch die übrigen Gleichungen in die Form l = l' (1 − H . z), so finden wir z nicht sehr variirend und durchschnittlich ebenso gross wie bei *Eunotia Diodon*, nämlich 0·042. Hienach haben wir auf die Abnahme von etwa 4 Procent für jede 600 Fuss Steigung zu rechnen.

Stellen wir die für die Riefenzahl und die Länge geltenden Formeln, auf die *Himantidium pectinale* geführt, zusammen, so erhalten wir

$$a = 19 + H \cdot {}^{3}\!/_{2}$$
$$1 = 24 - H \cdot {}^{3}\!/_{2} \text{ und durch Addition}$$
$$a + 1 = 43 \text{ d. h.}$$

die Summe von Riefenzahl und Länge ist gleich der constanten Zahl 43. Ist z. B. die Länge 23, so hat die Frustel 20 Riefen auf $^{1}/_{100}'''$; nimmt die Länge um $^{5}/_{1000}$ einer Linie ab, so nimmt die Riefenzahl um 5 Einheiten zu. Dieses einfache Gesetz gilt indess nicht nur für *Himantidium pectinale*, sondern für alle Arten, die sich auf dem Felde der Riefen sowohl als auch auf dem der Länge dem Gesetze der geraden Linie fügen, wenn wir nur eine geeignete Einheit für die Bestimmung der Länge wählen. Bei *Eunotia Diodon* z. B. sind

$$a = 20^{1}/_{2} + H \cdot {}^{4}\!/_{3}$$
$$1 = 24 \quad - H \cdot 1$$

Messen wir bei dieser Species die Länge nicht mit der Einheit $^{1}/_{1000}$, sondern mit der Einheit $^{3}/_{4000} = ^{1}/_{1333}$ einer Linie und nennen den so veränderten Werth der Länge λ, so geht die zweite Gleichung in

$$\lambda = 32 - H \cdot {}^{4}\!/_{3} \text{ über; also ist auch}$$
$$a + \lambda = 52^{1}/_{2} = \text{Constans.}$$

Ebenso lassen sich auch die anderen Fälle behandeln. Dabei möge nicht übersehen werden, dass dieses Annäherungsgesetz zunächst nur innerhalb der Grenzen der Beobachtung gilt.

Wo längere Beobachtungsreihen vorliegen, zeigte die Behandlung der Riefenzahl, dass dieselbe durch die Ordinaten einer Parabel bestimmt werde, deren Achse auf der Linie der Höhe senkrecht steht und die ihre convexe Seite der Höhenlinie zugekehrt hat. Hier, auf dem Felde der Länge, zeigt sich ein ganz entsprechendes Gesetz. Auch die Länge folgt dem Gesetze der Parabel, deren Achse auf der Linie der Höhe senkrecht steht. Doch hat die Parabel ihre concave Seite der Höhenlinie zugekehrt. Dieses Gesetz zeigen z. B. die Längen von *Himantidium gracile*, *Tabellaria flocculosa*, *Ceratoneis lunaris*, *Navicula alternans* und *borealis*. Ich habe für sie die zugehörigen Parabeln bestimmt, theile sie indess nicht mit, da, wohl wegen der nicht genügenden Zahl der Beobachtungen, die Rechnungswerthe mit den Beobachtungswerthen nicht genug übereinstimmen. Mein Augenmerk war namentlich darauf gerichtet, ob das Maximum der Länge in derselben Höhe auftrete als das Minimum der Riefenzahl, d. h. da, wo die Frustel die breitesten Riefen bildet. Doch habe ich diese Coincidenz annähernd nur bei einer Species gefunden, und zwar bei derjenigen, die am schärfsten beobachtet worden, bei *Navicula borealis*. Für sie finde ich das Minimum der Riefenzahl bei H = 6·38, das Maximum der Länge bei H = 6·92. Da sich der Scheitel der Parabel schon bei geringer Aenderung der Beobachtungszahlen merklich verschiebt, so kann dies schon als mässig gute Uebereinstimmung gelten. Machen wir die Voraussetzung, dass die Verschiedenheit dieser Höhen hier und in den anderen Fällen nur scheinbar, dass sie nur Folge der Unvollständigkeit der Beobachtungen ist, so haben wir folgende zusammengehörige Gleichungen

$$3) \quad a = a' + \left(\frac{h-h'}{600}\right)^2 . b$$

$$4) \quad l = l' - \left(\frac{h-h'}{600}\right)^2 . m, \text{ aus denen folgt}$$

$$5) \quad \frac{a-a'}{b} = \frac{l'-l}{m}$$

Hier bedeutet a die einer gewissen Höhe h zugehörige Riefenzahl, a' das Minimum der Riefenzahl, l die dieser Höhe entsprechende Länge der Frustel, l' das Maximum der Länge, endlich h' die Höhe der Region, in welcher die Frusteln der vorliegenden Species einerseits die kleinste Riefenzahl, andererseits die grösste Länge zeigen. Die Gleichung 5) spricht somit aus: der Abstand der Riefenzahl von ihrer unteren Grenze ist proportional dem Abstande der Länge von ihrer oberen Grenze.

Multiplicirt man die Glieder der Gleichung 4) mit $\frac{b}{m}$, was darauf hinaus kommt, dass man die Länge nicht mit $\frac{1}{1000}$ sondern mit $\frac{m}{b.1000}$ einer Linie misst, setzt man ferner

$$l . \frac{b}{m} = \lambda \qquad l' . \frac{b}{m} = \lambda'$$

und addirt die Gleichung zu 3), so erhält man

$$6) \quad a + \lambda = a' + \lambda'$$

d. h. es gilt unter der oben gemachten Voraussetzung allgemein das Gesetz: Riefenzahl + Länge = Min. der Riefenzahl + Max. der Länge = Constans.

Hat die Diatomee an irgend einem Orte 30 Riefen auf $\frac{1}{100}$ einer Linie, so ist der Abstand zweier benachbarten Riefen — den ich Riefenbreite nenne und mit α bezeichne — $\frac{1}{3000}$ einer Linie. Hienach ist allgemein a . $\alpha = \frac{1}{100} = \frac{10}{1000}$. Messen wir indess, um Gleichförmigkeit mit der Längenmessung zu erzielen, auch hier mit $\frac{1}{1000}$ einer Linie, so wird

$$a . \alpha = 10 \qquad \alpha = \frac{10}{a}$$

Folgt die Riefenzahl dem Gesetze der geraden Linie

$$a = a' + H . b, \text{ so wird}$$

$$\alpha = \frac{10}{a'+H . b} = \frac{10}{a' \left\{1+H.\frac{b}{a'}\right\}}$$

und da die Grösse H . $\frac{b}{a'}$ der Einheit gegenüber stets klein ist,

$$\alpha = \frac{10}{a'}\left\{1 - H \cdot \frac{b}{a'}\right\} = \frac{10}{a'} - H \cdot \frac{10\,b}{a' \cdot a'}$$

Setzen wir $\dfrac{10}{a'} = \alpha'$ $\dfrac{10\,b}{a' \cdot a'} = \beta$, so wird

$$7)\quad \alpha = \alpha' - H \cdot \beta$$

Für *Ceratoneis Arcus* z. B. wurde gefunden a $= 33 + H \cdot \frac{7}{10}$;

für sie ist also $\alpha = \dfrac{10}{33} - H \cdot \dfrac{7}{33 \cdot 33} = \dfrac{10}{33} - H \cdot \dfrac{1}{156}$

Die Riefenbreite nimmt hienach für jede 600 Fuss Steigung um $\frac{1}{156}$ T. ($= \frac{1}{156000}$ einer Linie) ab.

Hat die vorliegende Species als Längenformel

$$8)\quad l = l' - H \cdot m,\ \text{so folgt aus 7) und 8)}$$

$$9)\quad \frac{\alpha' - \alpha}{\beta} = \frac{l' - l}{m}$$

In einer beliebigen Höhe h ist der Abstand der Riefenbreite von derjenigen, die sich (wenn die Formel bis zu dieser Grenze hin gilt) in der Basisebene der Tatra findet, proportional dem Abstande der Länge von derjenigen Länge, welche die Diatomee in der Basisebene der Tatra zeigt.

Für *Ceratoneis Arcus* fanden wir l $= 40 - H \cdot 2$;

also ist $\left(\dfrac{10}{33} - \alpha\right) \cdot 156 = \dfrac{40 - l}{2}$; $\alpha = \dfrac{10}{33} - \dfrac{40 - l}{312}$

Der Unterschied der Riefenbreiten für h $= 0$ und h $=$ h ist hier 312mal so klein als der entsprechende Unterschied der Längen. Wenn die Abnahme der Länge 1 beträgt, so ist die entsprechende Abnahme der Riefenbreite $\frac{1}{312} = 0.0032$.

Ist z. B. l $= 27$, so ist $\alpha = {}^{10}\!/_{33} - 0.0417 = 0.2614$

l $= 26$, „ „ $\alpha = {}^{10}\!/_{33} - 0.0449 = 0.2582$

l $= 25$, „ „ $\alpha = {}^{10}\!/_{33} - 0.0481 = 0.2550$

· · · · · ·

l $= 19$, „ „ $\alpha = {}^{10}\!/_{33} - 0.0673 = 0.2357$

l $= 18$, „ „ $\alpha = {}^{10}\!/_{33} - 0.0705 = 0.2325$

Ausserhalb dieser Grenzen ist der Werth der Formel zweifelhaft.

Folgt die Riefenzahl dem Gesetze der Parabel

a $= a' + (H - H')^2 \cdot b$, so erhalten wir als Riefenbreite

$$\alpha = \frac{10}{a' + (H - H')^2 \cdot b} = \frac{10}{a'\left\{1 + (H - H')^2 \cdot \dfrac{b}{a'}\right\}}$$

$$= \frac{10}{a'}\left\{1 - (H - H')^2 \cdot \frac{b}{a'}\right\} = \frac{10}{a'} - (H - H')^2 \cdot \frac{10\,b}{a' \cdot a'},$$

da auch hier $(H - H')^2 \cdot \dfrac{b}{a'}$ gegen die Einheit eine kleine Grösse ist.

Setzen wir wieder $\frac{10}{a'} = \alpha' \frac{10 \; b}{a' \cdot a'} = \beta$, so geht die letzte Gleichung über in

10) $\alpha = \alpha' - (H-H')^2 \cdot \beta$

Auch die Riefenbreite α folgt dem Gesetze der Parabel, die aber, wie bei der Länge der Frustel, die concave Seite der Linie der Höhe zugekehrt hat. Ist die zugehörige Längenformel

11) $l = l' - (H-H')^2 \cdot m$, so folgt

12) $\dfrac{\alpha'-\alpha}{\beta} = \dfrac{l'-l}{m}$.

Hier bedeutet α' das Maximum der Riefenbreite, l' das Maximum der Länge, welche Maxima in der Höhe $h' = 600 \; H'$ auftreten. Nach der letzten Gleichung ist also für irgend eine Höhe h der Abstand der Riefenbreite von ihrem Maximum proportional dem Abstande der Länge von ihrem Maximum.

X. Obere Höhengrenze der beobachteten Tatra - Diatomeen.

Ich werde in diesem Abschnitte die grösste Höhe angeben, in der ich die einzelnen Species angetroffen. Da von meinen 9 Fundorten zwei gleiche Höhe haben, so wird dieser Abschnitt in 8 Abtheilungen zerfallen. Um Vergleiche mit den Beobachtungen Anderer anstellen zu können, habe ich Ehrenberg's Mikrogeologie, namentlich den ersten Band derselben, ferner die Synopsis von Smith und die Flora europaea Algarum von Rabenhorst in diesem Sinne durchgesehen. Das reichste Material habe ich in der Mikrogeologie gefunden, die leider noch immer nicht zu der ihr gebührenden Geltung gekommen ist, da sie nicht verstanden worden. Einige Naturforscher, die sich mit den kleinen Organismen beschäftigen, behandeln das Werk mit Geringschätzung, darauf fussend, dass sie mit stärker vergrössernden Mikroskopen einige feine Streifen sehen können, die bei der von Ehrenberg gebrauchten Vergrösserung nicht zur Erscheinung kommen konnten. Sie berücksichtigen nicht, dass die Durchführung dieses Riesenwerkes nur bei Anwendung einer schwächeren Vergrösserung möglich war.

A. Die Eisquelle von Koscielisko. Absolute Höhe 3000 Fuss.

Hier habe ich folgende 27 Diatomeen-Arten gefunden, die, wie weit meine Beobachtungen reichen, in grösserer Höhe nicht wieder auftreten.

Epithemia saxonica und *turgida*; *Synedra splendens* und *Oxyrhynchus*; *Campylodiscus spiralis*; *Surirella ovalis*, *pinnata*, *angusta*, *minuta*, die nach Rabenhorst Alg. S. 57 bis in die subalpine Region aufsteigt; *Amphipleura pellucida*; *Nitzschia linearis*, *sigmoidea*, *tenuis*, *Nitzschiella closte-*

rioides; Achnanthidium contractum, *Rhoicosphenia curvata,* Cymbella gastroides, *Cocconema asperum,* das Ehrenberg auch in einer aus Neuholland stammenden Probe gefunden, *Amphora minutissima;* Navicula lanceolata, *Scutum, Seminulum.* Navicula stauroptera *(Stauroptera parva* Ehg.) steigt nach Ehrenberg Mik. I S. 19, 20, 22, 17 in Armenien 5181—7500, im Pontischen Gebirge bis gegen 10000' auf; sie kommt nach Rabenhorst Alg. S. 222 auch bei Zermatten in der Schweiz vor. *Stauroneis truncata, Smithii;* Schizonema vulgare, neglectum.

Am häufigsten zeigten sich in dieser Quelle folgende Formen:
Meridion circulare, Odontidium mesodon, die kleinen *Surirella*-Arten, *Denticula obtusa;* Nitzschia linearis, *minutissima*; Cocconeis Placentula, *punctata;* Achnanthidium Flexellum, *lanceolatum;* Achnanthes exilis, *Encyonema caespitosum, Gomphonema clavatum;* Navicula viridula, *elliptica, firma, binodis;* Stauroneis anceps *Var.* amphicephala.

Es fehlen in ihr nach meinen Beobachtungen z. B. alle *Eunotia*-und *Himantidium*-Arten, die Gattung *Diatoma, Meridion constrictum, Tabellaria, Cymbella naviculiformis, Gomphonema acuminatum, Navicula gracillima, divergens, nobilis, major, lata, borealis, Amphigomphus, nodulosa; Frustulia saxonica, Cyclotella.*

Wiederholentlich sei hier ausgesprochen, dass diese Quelle der Kalkstein-Formation angehöre. Noch füge ich hinzu, dass sie, wohl in Folge ihrer niederen Temperatur, in ihren Diatomeen eine Riefenzahl hervorgerufen, die in der Tatra etwa der Höhe 5200 Fuss entspricht. Ein grosser Theil der dieser Quelle eigenthümlichen Species wird wohl daher nicht weiter aufsteigen, weil dort keine kalkhaltigen Wasser sind.

B. Ein westlich vom Badeorte Schmecks gelegenes stehendes Wasser; Podieplaski, Nebenfluss der Bialka. Absolute Höhe 4000 Fuss, Sommertemperatur 9·9⁰ R.

Diese Höhe erreichen, ohne sie zu überschreiten, folgende 10 Arten:
Fragilaria elliptica, Synedra pulchella, Surirella microcora, Denticula frigida, Cymbella truncata, Cocconema Cistula, Ceratoneis Amphioxys, Navicula radiosa, minutissima, distenta.

An beiden Orten leben zahlreich:
Odontidium mesodon, Fragilaria capuzina, Nitzschia minutissima, Achnanthidium Flexellum, Encyonema caespitosum.

An dem zuerst genannten Orte finden sich ausserdem noch häufig:
Himantidium gracile, minus; Meridion constrictum, Fragilaria virescens, Encyonema prostratum, Gomphonema acuminatum, Navicula nobilis, major, firma; Melosira distans.

Beide Orte, wie auch alle später genannten, gehören der Granitformation an.

C. Das Mengsdorfer Thal. Absolute Höhe 5200 Fuss, Sommertemperatur 7·9⁰ R.

Bis hieher steigen folgende 24 Species auf:
Epithemia alpestris, Eunotia denticulata, Gomphogramma rupestre.
Tabellaria fenestrata wurde von Smith (Syn. II S. 46.) auf dem Mont Dore in 6000′ Höhe gefunden; sie (*Tab. trinodis* Ehg.) steigt nach Ehrenberg Mik. I S. 16 im Pontischen Gebirge bis gegen 9000′ auf. *Nitzschia media, communis, thermalis; Cocconeis punctata* und *Pediculus,* das Ehrenberg (Mik. I S. 20.) von einer 3868′ über See stehenden Höhe Armeniens erhalten; *Achnanthes subsessilis, minutissima. Cymbella Scotica; Cocconema parvum, Encyonema Gerstenbergeri, Amphora borealis.*
Amphora gracilis fand Ehrenberg (Mik. I S. 55, 22, 19, 370) auf dem Sinai in 6000′, in Armenien in 5600—7500′, in Centralamerica in 8556′ Höhe, auch in Africa. *Sphenella glacialis; Gomphonema longiceps* nach Ehrenberg Mik. I S. 301 auf einem amerikanischen Gebirge in 10000′ Höhe; *Gomph. Turris. Navicula Amphioxys* nach Ehrenberg Mik. I S. 18, 55, 16, 365, 370 in 4000′ auf Gebirgen Armeniens, in 6000′ auf dem Sinai und auf dem Pontischen Gebirge, in 5000—8556′ Höhe in Centralamerica; *Nav. gracilis, rhomboides, major; Schizonema subcohaerens.*
In diesem Thale fand ich als vorherrschende Formen:
Eunotia tridentula; Fragilaria capuzina, virescens; Tabellaria flocculosa, fenestrata; Gomphogramma rupestre, Ceratoneis Arcus, lunaris; Achnanthidium Flexellum, Cymbella gracilis, Gomphonema acuminatum, Navicula nobilis, major, oblonga, borealis.

D. Das Siebenseethal. Absolute Höhe 5300 Fuss, Sommertemperatur 7·7⁰ R.

Nachstehende 13 Formen haben hier ihre Höhengrenze:
Eunotia tridentula nach Ehrenberg Mik. I S. 94 in 5500′ Höhe auf dem Altai, auch in Africa und Chile; nach Grunow Wien 1862 S. 22. auf dem zu den Sudeten gehörigen Altvater-Berge; *Eun. quarternaria* nach Ehrenberg ebenfalls an dem ersten der bezeichneten Orte; *Eun. trigranulata, Diatoma vulgare, Fragilaria undata,* das Smith (Syn. II S. 24.) auf dem Mont Dore in 4066′ Höhe antraf. *Achnanthidium microcephalum, obtusum; Navicula appendiculata, cocconeiformis, nobilis* (die nach Ehrenberg auch in Neuholland lebt), *Brebissonii, perpusilla; Melosira granulata.*
Im Siebenseethale leben zahlreich:
Eunotia Monodon, Diodon, tridentula; Himantidium gracile, minus; Fragilaria virescens, undata; Navicula borealis, firma.

E. Das grösste der 5 polnischen Seebecken. Absolute Höhe 5400 Fuss, Sommertemperatur 7·6⁰ R.

Nitzschia gracilis, Achnanthidium lineare, Navicula Semen. Nav. viridis steigt nach Ehrenberg. Mik. I S. 16, 17, 22, 301, 339, 371 im Pontischen Gebirge 6000 bis 10000', in Armenien 5300', in America bis 10000' auf. Auf S. 301 spricht Ehrenberg indess aus: „Die *Pinnularia viridis* ist etwas weniger abgerundet an den Enden als die gemeine; vielleicht ist diese Form von der gemeinen abzusondern."
Häufig sind hier:
Fragilaria capuzina, Nitzschia gracilis, minutissima; Navicula alternans, oblonga, borealis, decurrens, gibberula, nodulosa.

F. Südlicher Abhang des polnischen Kammes. Absolute Höhe 5650 Fuss, Sommertemperatur 7·2⁰ R.

Himantidium majus, Meridion constrictum, das nach Smith Syn. II S. 7. in 3000—5577' vorkommt; *Diatoma grande, Campylodiscus nanus, Denticula tenuis, obtusa, elegans; Achnanthidium delicatulum, Achnanthes exilis, Sphenella angustata; Navicula Heufleri, Polygramma, hungarica; Melosira arenaria,* zusammen 14 Species.
In dem hier befindlichen Wasserfalle leben in grösserer Zahl:
Eunotia Diodon, Himantidium bidens, Meridion constrictum, Odontidium Mesodon, Fragilaria capuzina, virescens. Achnanthidium lanceolatum, Achnanthes exilis, Encyonema caespitosum, prostratum.

G. Nördlicher Abhang des polnischen Kammes. Absolute Höhe 6220 Fuss, Sommertemperatur 6·2⁰ R.

Eunotia alpina, die Smith (Syn. I S. 36) in 3000' Höhe gefunden.
Himantidium minus, Nitzschia minutissima, Achmanthidium Flexellum, nach Smith Syn. I S. 21. bis 2800' aufsteigend; *Gomphonema capitatum, Navicula mutica, oblongella,* zusammen 7 Species.
Massenhaft traten hier nur *Fragilaria capuzina, Nitzschia minutissima* und *Achnanthidium Flexellum* auf.

H. Das obere Thal des kleinen Kohlbach. Absolute Höhe 6454 Fuss, Sommertemperatur 5·8⁰ R.

Nachfolgende 106 Species steigen bis zu der oberen Seeplatte des kleinen Kohlbach hinauf:
Epithemia zebrina; Eunotia Monodon, das nach Ehrenberg Mik. I S. 370 in Centralamerika bis zu 6666' Höhe sich erhebt, auch in Africa und Neuholland lebt; *Eun. Diodon,* nach Ehrenberg Mik. I S. 16, 18, 28 in Armenien bis 4000', im Pontischen Gebirge bis gegen 9000' aufstei-

gend; *Eun. Camelus* nach Ehrenberg auch in Africa und auf einer Insel am Cap Horn; *Eun. bidentula, paludosa, exigua, gracilis.*

Himantidium gracile erreicht nach Smith Syn. II S. 14 in der Auvergne 4567'; nach Ehrenberg. Mik. I S. 18 94, 16, 17, 303 in Armenien 4000', auf dem Altai 5000', im Pontischen Gebirge 6000—9000', in America 10000' Höhe; *Him. Arcus* nach Ehrenberg. Mik. I S. 16 im Pontischen Gebirge fast 9000'. *Him. pectinale, bidens.*

Meridion circulare, das nach Smith Syn. II S. 6 auf dem Puy de Dôme in 3000', nach Ehrenberg Mik. I S. 18 in Armenien in etwa 4000' Höhe lebt. *Odontidium Mesodon* steigt nach Smith Syn. II S. 16 auf dem Puy de Dôme bis 3000', auf dem Mont Dore bis 3425, auf dem Pic de Sancy bis 6000', nach Ehrenberg Mik. I S. 19, 18 in Armenien bis gegen 4000' auf. *Odont. hyemale* nach Ehrenberg Mik. I S. 18 in Armenien ebenfalls bis gegen 4000'; *Odont. anceps* nach Smith Syn. II S. 16 in den Sevennen bis 4000'.

Diatoma elongatum, Fragilaria mutabilis. Frag. capuzina erhebt sich nach Ehrenberg Mik. I S. 94, 22, 15, 16, 370 auf dem Altai bis 5000, in Armenien bis 5500, auf dem Sinai bis 6000; auf dem Pontischen Gebirge bis gegen 10000, in Mexico 5000—7000', kommt auch in Neuholland vor. *Frag. virescens* lebt nach Smith Syn. II S. 23 auf den Sevennen in 3600, auf dem Pic de Sancy in 6000' Höhe; *Frag. diophthalma* nach Ehrenberg Mik. I S. 16, 370 auf dem Pontischen Gebirge in fast 6000', auf den Gebirgen von Mexico in 6666' Höhe.

Synedra radians, Tabellaria flocculosa nach Smith Syn. II S. 45 in England bis 3840, auf dem Mont Dore bis 4062' aufsteigend.

Nitzschia (Eunotia Ehg.) *Amphioxys* wurde von Ehrenberg (Mik. I S. 15, 20, 22, 94, 340; Mik. II Taf. XXXV B) auf Gebirgen Armeniens in 5181—5500', auf dem Altai in 5000, auf dem Pontischen Gebirge in 3500, auf Gebirgen Centralamerica's in 8100 und 10000, auf dem Monte Rosa in 11770 und 14284' Höhe, auch im südlichen Asien, in Africa und Neuholland gefunden; *Cocconeis Placentula* (Mik. I S. 22, 370) auf armenischen Gebirgen in 5500, auf americanischen in 5310—6750'; *Cocconeis borealis* (Mik. I S. 18, 55) auf armenischen Gebirgen in fast 4000', auf dem Sinai in 6000' Höhe.

Achnanthidium lanceolatum, Lyra, undulatum; Achnanthes elliptica, Cymbella naviculiformis, obtusiuscula, Leptoceros, Fusidium (nach Ehrenberg auch in Africa), *Pediculus. Cymbella gracilis* erhebt sich nach Ehrenberg Mik. I S. 303 in America bis 10000'; *Cocconema Lunula* (Mik. I S. 18, 370) in Armenien bis 4000', in Centralamerica bis 8550' Höhe. *Cocconema cymbiforme, Encyonema caespitosum, prostratum. Ceratoneis (Eunotia* Sm.) *Arcus* lebt nach Smith Syn. I S. 16 in Gebirgswässern England's; *Cer. lunaris, Sphenella vulgaris. Gomphonema Augur* erreicht nach Ehrenberg Mik. I S. 20, 43 in Armenien 5181, auf dem

Libanon fast 4000'; *Gomph. gracile* (Mik. I S. 55, 22, 16, 17, 365) auf dem Sinai 6000', in Armenien 5500—7500, im Pontischen Gebirge 7000 bis gegen 10000, in Centralamerica 10000'; *Gomph. clavatum* (Mik. I S. 18, 22) in Armenien 4000—5000' Höhe und lebt auch in Africa und Neuholland. *Gomph. intricatum, americanum, Lagenula, acuminatum, Vibrio.*

Navicula rhynchocephala, angustata, cryptocephala, viridula, Carassius, anglica, elliptica, Parmula, Coccus, Atomus, dubia, affinis, gracillima, divergens. Nav. oblonga (Pinn. viridula und *macilenta* Ehg.) erreicht nach Ehrenberg Mik. I S. 22, 93, 365 in Armenien 5500', auf dem Altai 5000', in America 10000' Höhe, lebt auch in Africa und Neuholland. *Nav. alternans, hemiptera, lata. Nav. borealis* wurde von Smith (Syn. II S. 95) auf dem Mont Dore in 4000', von Ehrenberg (Mik. I S. 94, 16, 17. II Taf. XXXV B. A II 6) auf dem Altai in 5000', auf dem Pontischen Gebirge in 3500—9000', in Centralamerica in 8500—10000', auf dem Monte Rosa in 11770' Höhe, auch in Africa und Neuholland gefunden.

Navicula interrupta, firma, Amphigomphus, Latiuscula. Nav. Bacillum fand Ehrenberg (Mik. I S. 17, 370, 303, 365) im Pontischen Gebirge und in America bis zu einer Höhe von 10000'. *Nav. decurrens* steigt nach Ehrenberg Mik. I S. 17, 365, 303 im Pontischen Gebirge bis gegen 10000', in Centralamerica bis 10000 auf; *Nav. Legumen* (Mik. I S. 93, 303, 365) auf dem Altai bis 5000', in Armenien bis 10000'. *Nav. gibberula, Acrosphaeria, Pupula, nodulosa, binodis, sinuata, nodosa, mesotyla.*

Stauroneis pumila, Cohnii, Meniscus, linearis, Platystoma, dilatata, Phoenicenteron, lanceolata, Heufleriana. Staur. anceps erreicht nach Ehrenberg Mik. I S. 93 auf dem Altai 5000'; *Staur. gracilis* (Mik. I S. 19, 16, 17, 365) in Armenien 7500', auf dem Pontischen Gebirge und in America 10000'.

Frustulia saxonica, Mastogloia antiqua, Cyclotella Kützingiana, Astraea; Melosira nivalis. Mel. distans lebt nach Smith Syn. II S. 58 auf dem Mont. Dore in 4567', nach Ehrenberg Mik. I S. 92 auf dem Altai in 5000'; *Mel. orichalcea* (Syn. II S. 61) auf dem Mont Dore in 4500' Höhe.

Vorherrschende Formen sind im Kohlbachthale:

Eunotia Camelus, bidentula, paludosa; Himantidium gracile, Meridion circulare, Odontidium mesodon, Tabellaria flocculosa, Nitzschia Amphioxys, Achnanthidium lanceolatum, Cocconema Lunula, Ceratoneis lunaris, Navicula cryptocephala, oblonga, firma, Amphigomphus, decurrens, nodulosa, Stauroneis linearis, anceps Var. *amphicephala.* Ihre obere Grenze, liegt also mit Wahrscheinlichkeit merklich über 6454'. Vier von ihnen hat bereits Ehrenberg in grösseren Höhen aufgefunden — wenn man nach Fussen misst, während man nach Temperatur-Graden messen sollte.

Bei der Durchmusterung der Tatra-Diatomeen suchte ich vergebens nach einer Reihe von Species, die sonst gewöhnlich sind. Unter den Bewohnern des niederen Landes nenne ich z. B. *Epithemia ventricosa, Sorex,*

Argus, Zebra; Amphora ovalis, Navicula ambigua, Pleurostaurum acutum,
die Gattung *Pleurosigma.* Unter denen, die als Höhenbewohner bereits
bekannt sind, *Epithemia gibba, gibberula; Staurosira construens, Synedra
Ulna, Surirella bifrons, splendida; Cymatopleura Solea, elliptica; Cymbella
Ehrenbergii, Gomphonema geminatum.* Doch werden sich wohl manche
derselben noch auffinden lassen.

Uebersehen wir noch einmal die Reihe der sicher vorhandenen 205
Lebensformen, unter denen, nach meiner Literaturkenntniss, 178 in den
angegebenen Höhen noch nicht aufgefunden worden. Sie zerfallen in die
Gruppe der nur in der Eisquelle auftretenden 27 Species, die mehr oder
weniger strenge der Kalkformation angehören mögen, und die aus 178
Species bestehende Gruppe, in der 74 der Eisquelle und der Granitformation gemeinsam sind, während 104 nur auf granitischem Boden gefunden
wurden. Von den 178 leben 106 in meiner höchsten Station, dem Kohlbachthale. Da dieselben, abgesehen von 4 vielleicht neuen Formen, alle
als Bewohner der Ebene bekannt sind, so ist vorauszusetzen, dass sie
auch in allen niedriger gelegenen Regionen der Tatra leben werden, so
z. B. in der Region, in der meine Station VIII liegt. Hier leben also die
7 Species, die in VIII ihre Höhengrenze erreichen, und die 106 Species,
die in IX gefunden worden, im Ganzen 113. Alle diese werden aber auch
in der der Station VII entsprechenden Region leben, wo andere 14 ihre
Höhengrenze erreichen, wonach die Zahl der in dieser Region lebenden
Species 127 beträgt. Fährt man so fort, so bekommt man eine allmälig
steigende Zahlenreihe. Werden die 4 mittleren ziemlich gleich hohen
Stationen zusammengezogen, so findet man:

In 4000 Fuss Höhe leben 178 Diatomeen-Arten

" 5371 " " " 143 " "

" 6220 " " " 113 " "

" 6454 " " " 106 " "

Stellt man diese Grössen graphisch dar, indem man auf der Linie
der Höhe die Stationen 4000'. . . 6454' als Punkte bestimmt und in ihnen
Perpendikel errichtet, die den Zahlen der Species 178—106 entsprechen,
so weisen die Endpunkte dieser 4 Linien wieder auf eine Parabel, die
aber anders gelegen ist als die oben für die Riefenzahlen gefundenen
Parabeln, indem die hier vorliegende zur Achse die Linie der Höhe hat.
Die Rechnung führt auf die Gleichung

$$1)\ y^2 = (7802 - h) \cdot {}^{25}/_{8}$$

Die Grösse h bedeutet hier wieder die in Wiener Fussen ausgedrückte Höhe, y ist die Zahl der in dieser Höhe auf dem Gebirgsstocke
der Tatra lebenden Diatomeen-Arten. Setzen wir zur Controlle die Zahlen
4000, 5371 . . für h hinein, so erhalten wir für y

178·0   142·3   114·8   106·0

also eine befriedigende Uebereinstimmung der berechneten mit den aus den Beobachtungen hervorgegangenen Zahlen. Aber die Gleichung leistet einen noch grösseren Dienst. Sie bestimmt die obere Grenze für die ganze auf der Tatra lebende Diatomeengruppe. Setzt man nämlich h = 7802 Fuss, so ist y = 0. Hier endet das Diatomeenleben. Mit Hülfe der oben entwickelten Temperaturformeln, die bis auf diese Höhe hin wenigstens annähernde Geltung haben werden, finden wir folgende Temperatur-Verhältnisse für die obere Grenze des Diatomeenlebens

Winter	Frühling	Sommer	Herbst	Mitteltemp.
— 10·7	— 3·6	+ 3·6	— 3·4	— 3·5

also äusserst knappe Lebensbedingungen.

Setzt man in die Gleichung h = 0, 1000, 2000 u. s. f., so erhält man

Für h = 0	y = 255	Für h = 6000'	y = 123
= 1000'	= 238	= 6500	= 104
= 2000	= 220	= 7000	= 82
= 3000	= 200	= 7500	= 50
= 4000	= 178	= 7700	= 29
= 5000	= 153	= 7801¼'	= 1

Dass in Wirklichkeit in jeder Region mehr Arten leben, als hier angegeben worden, geht schon daraus hervor, dass ich selbst — abgesehen von den Diatomeen der Eisquelle — noch 30 andere gesehen habe, die der Granitformation der Tatra angehören. Verdoppeln wir alle Zahlen, so werden wir der Wahrheit, wie ich glaube, nahe kommen. Dann erhalten wir für die Basis der Tatra, die etwa durch die Umgegend von Wien repräsentirt wird, 510 Species, eine Zahl, die nach den bei Lewes, Königsberg, Dresden und anderen Orten gesammelten Erfahrungen wahrscheinlich ist. Unter dieser Voraussetzung geht die Gleichung 1) in folgende über

$$2) \quad z^2 = (7802 - h) \cdot {}^{100}/_3$$

in der z die wahrscheinliche Zahl der Diatomeen-Arten bedeutet, die in den einzelnen Regionen der Tatra leben.

Erklärung der Abbildungen.

Vergrösserung $^{900}/_1$.

Tafel I.

Fig. 1. Eunotia bidentula		Fig. 9. Himantidium minus	
„ 2. „ Camelus		„ 10. „ bidens	
„ 3. „ tridentula		„ 11. Gomphogramma rupestre	
„ 4. „ denticulata		„ 12. Campylodiscus nanus m.	
„ 5. „ trigranulata m.		„ 13. Nitzschia minutissima	
„ 6. „ quaternaria		„ 14. „ thermalis	
„ 7. „ paludosa		„ 15. „ media	
gestreckte Form.		„ 16. „ communis	
„ 8. Himantidium Arcus		„ 17. Nitzschiella closterioides	

102

Tafel II.

Fig. 18. Nitzschia gracilis
„ 19. Amphipleura pellucida
„ 20. Cocconeis punctata
„ 21. „ borealis
„ 22. Achnanthidium delicatulum
„ 23. „ obtusum m.
„ 24. „ Lyra m.
„ 25. „ contractum m.
„ 26. „ undulatum m.

Fig. 27. Achnanthes elliptica m.
„ 28. „ minutissima
„ 29. Cymbella naviculiformis
„ 30. Encyonema Gerstenbergeri
„ 31. Ceratoneis lunaris
        d. Var. cuspidata m.
„ 32. „ alpina
„ 33. „ Amphioxys
„ 34. „ depressa m.

Tafel III.

Fig. 35. Gomphonema acuminatum
        Var. montanum m.
„ 36. „ gracile
„ 37. „ longiceps
„ 38. „ Vibrio
„ 39. Navicula rhynchocephala
„ 40. „ angustata
„ 41. „ rhomboides?
„ 42. „ radiosa

Fig. 43. Navicula Parmula
„ 44. „ Scutum Schum.
„ 45. „ Coccus m.
„ 46. „ oblonga
        a. macilenta
        b. acuminata
„ 47. „ viridis
„ 48. „ alternans m.
        e. Querschnitt.

Tafel IV.

Fig. 49. Navicula gracillima
„ 50. „ sinuata m.
„ 51. „ mesotyla
„ 52. „ stauroptera
„ 53. „ nodulosa β.
„ 54. „ lata
„ 55. „ borealis
    b. c. d. ungewöhnliche Formen.

Fig. 56. Navicula Polygramma
„ 57. „ crassinervia β.
„ 58. „ firma β.
„ 59. „ Bacillum
„ 60. „ binodis
„ 61. Stauroneis Cohnii
„ 62. „ Heufleriana
„ 63. Mastogloia antiqua Schum.

Verbesserungen.

S. 6 Z. 14 statt Hymopteren lies Hymenopteren

S. 20 Z. 7 statt definirten Bestimmungen lies gegebenen Definition

S. 21 vorletzte Zeile ist ebenfalls fortzulassen

S. 25 Z. 8 statt Form. lies Form, doch möge auch hier CB auf der Achse senkrecht stehen.

S. 26 nach Z. 3 einzuschalten:

$$\operatorname{tg} \varphi_1 = \text{unendlich} \qquad \operatorname{tg} \varphi_4 = \frac{c^2 - b^2}{2bc \cdot \sin A}$$

$$\operatorname{tg} \varphi_2 = \frac{a^2 + b^2 - c^2}{2ab \cdot \sin C} \qquad \operatorname{tg} \varphi_5 = \frac{3a^2 + c^2 - b^2}{2ab \cdot \sin C}$$

$$\operatorname{tg} \varphi_3 = \frac{a^2 + c^2 - b^2}{2ac \cdot \sin B} \qquad \operatorname{tg} \varphi_6 = \frac{3a^2 + b^2 - c^2}{2ac \cdot \sin B}$$

S. 27 vorletzte Zeile lies semiocellatus

S. 28 Z. 5 statt centrifugale lies centripetale

S. 35 vorletzte Zeile statt S lies s

S. 38 am Ende des Abschnittes V einzuschalten:

Bei der obigen Behandlung der Riefenzahl ist nirgend eine allgemeine oder specielle Angabe über die grösste Schwankung der Riefenzahl gemacht worden, da sich dieselbe weder durch die Theorie noch durch die Erfahrung bestimmen lässt. Wer z. B. findet, dass unter einer grossen Anzahl von Beobachtungen sich die kleinste Riefenzahl zur grössten wie 1 zu 2 verhält, wird dies Datum mit dem oben gefundenen Resultate, dass die relative wahrscheinliche Abweichung der Riefenzahl $1/_{15}$ beträgt, vielleicht für unvereinbar halten. Und doch würde er im Irrthum sein, wie folgendes Beispiel lehrt. Von 24 Beobachtungen mögen die 22 ersten die Riefenzahl 30, die beiden letzten 20 und 40 geben. Die mittlere Riefenzahl ist hienach $z = 30$, die Anzahl $n = 24$, die Abweichungen vom Mittel

$$0 \quad 0 \quad 0 \quad \ldots \quad 10 \quad 10, \text{ also}$$

$$S = \sqrt{\frac{0 + 0 + 0 + \ldots 100 + 100}{23}} = 2{\cdot}948$$

$$s = S \cdot 0{\cdot}674 = 1{\cdot}987$$

$$\sigma = \frac{S \cdot 0{\cdot}674}{30} = 0{\cdot}066 = \frac{1}{15}.$$

S. 48 und 79 ist wohl *N. cuspidata* von *N. crassinervia* zu trennen.

S. 63 Z. 2 statt m atte lies wegen ungünstiger Lage schwer sichtbare

S. 74 Z. 20 statt doppelte lies Doppelte.

S. 95 Z. 22 statt Temperatur lies Sommertemperatur.

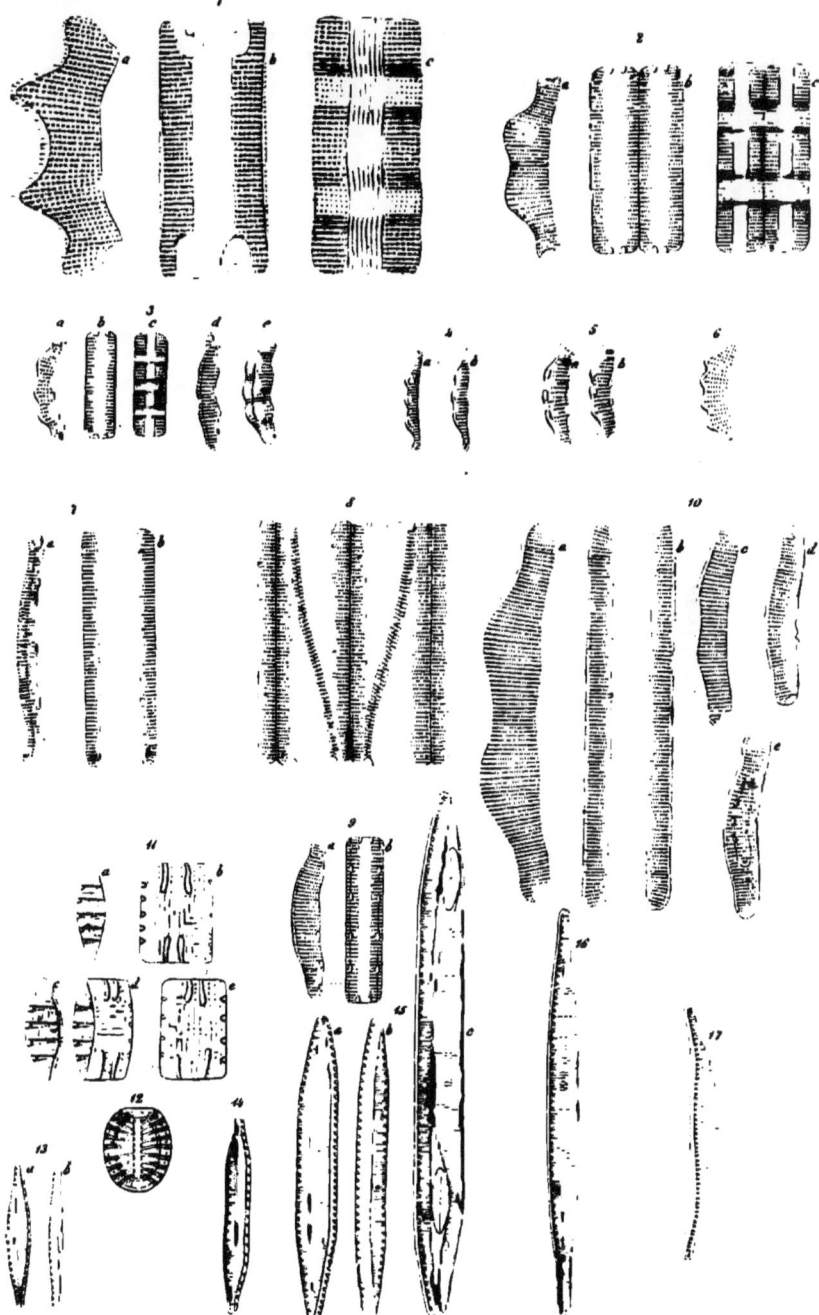

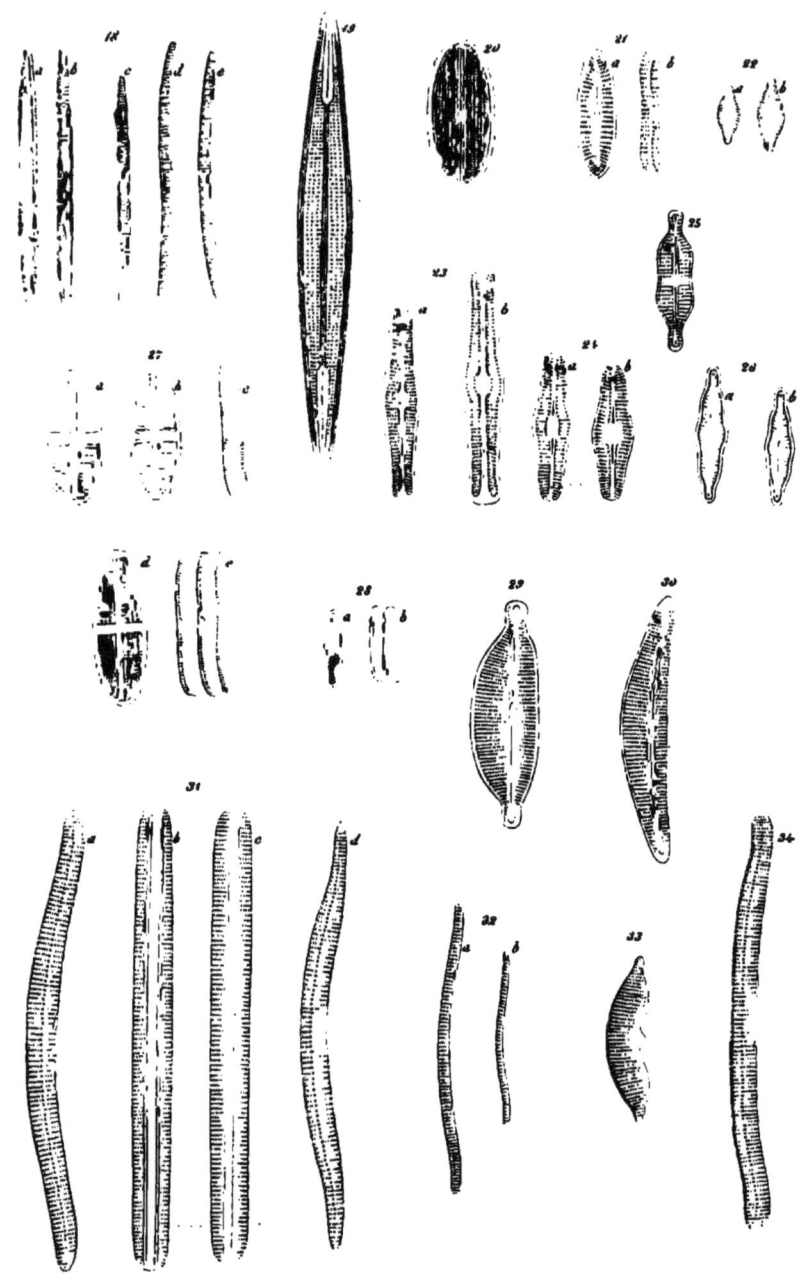

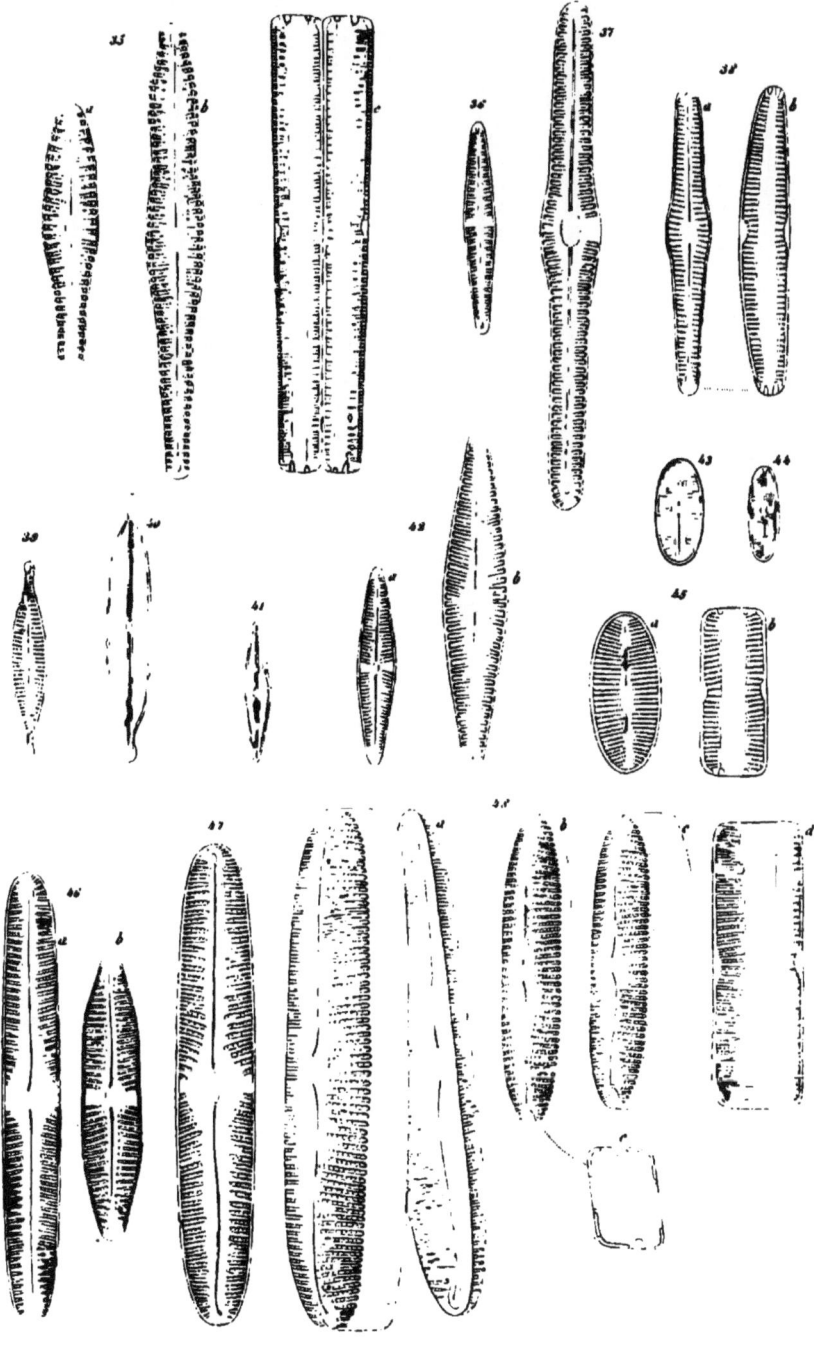

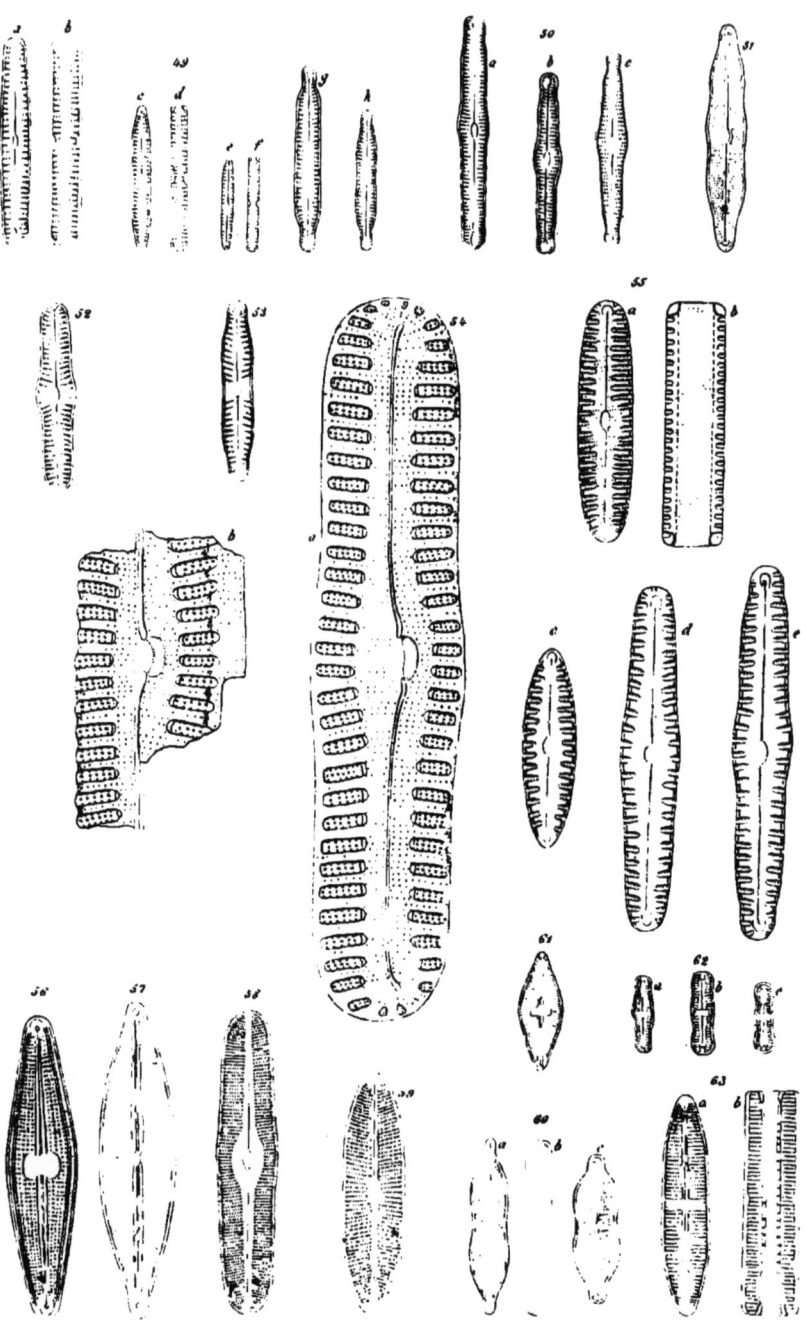